Peter Cornelius Mayer-Tasch

DIE BUCHSTABEN DER PHILOSOPHIE

Insel Verlag

Insel-Bücherei Nr. 1438

DIE BUCHSTABEN DER
~ PHILOSOPHIE ~

»Allein der Weise ist Priester«
Porphyrios, Brief an Marcella

»Alle Roheit namlich rührt von Schwäche her«
Seneca, De beata vita

Zum Geleit

Die »Buchstaben der Philosophie« richtig zu lesen steht allen um ein gelingendes Leben Bemühten wohl an. Wann und wo aber gelänge dies besser als bei einem bedächtigen Gang in den Garten. Der Garten nämlich ist recht eigentlich der angestammte Platz der Philosophie. »Narren hasten, Kluge warten, Weise gehen in den Garten«, lautet ein von dem indischen Philosophen Rabindranath Tagore (1861-1941) überliefertes Wort. Eine spätantike Philosophenschule – die Epikuräer – wurde vom Volksmund nach ihrem Lieblingsaufenthaltsort in Athen die »Philosophen im Garten« genannt. Und beim römischen Philosophen und Staatsmann Marcus Tullius Cicero (106 v. Chr. – 43 n. Chr.) heißt es: »Wenn du neben der Bibliothek einen Garten hast, wird [dir] nichts fehlen.«[1]

Zu einem nachhaltig blühenden und Früchte tragenden Garten aber gehört auch ein versteckter Ort, an dem Kraut und Unkraut kompostiert und in Humus verwandelt werden – in jenen Stoff also, der neben Sonnenschein, Regen und ständiger Pflege nachhaltiges Wachsen und Reifen sichert. Nicht anders verhält es sich auch mit den im Lichte überkommener Weltweisheit überdachten Erfahrungen des Lebens. Im Garten der »Philosophie« (ein Begriff, der aus dem Griechischen kommt und »Liebe zur Weisheit« bedeutet) müssen diese Erfahrungen in Weisheitshumus verwandelt und zur »Bodenpflege« genutzt werden. In ähnlichem Sinne ist wohl auch das augustinische *Fortiter Peccare* (»Heftig Sündigen«!) zu verstehen. Aus den in den »Bekenntnissen« des wohl bedeutendsten Kirchenlehrers der christlichen Antike äußerst selbstkritisch geschilderten Irrungen und Wirrungen seiner Jugend vermochte Aurelius Augustinus (354-430 n. Chr.) die Grundlinien eines geläuterten Lebens zu entwickeln, die ihm über die Jahrhunderte hin die Aura der Heiligkeit zuwachsen ließen. Heiligkeit aber bedeutet (auch semantisch) nicht mehr und nicht weniger als Ganzheitlichkeit. Und Ganzheitlichkeit ist eine Vorstellung, die wir mit einem gelingenden und einem gelungenen, die wir mit einem sprichwörtlich »guten« Leben verbinden. Um das »gute Leben« geht es stets, wenn wir uns im Alphabet des Lebens zurechtfinden wollen. Ihm nämlich gelten die Einsichten und Wegweisungen der Weisheitsliebenden aller Zeiten. Und so geht es auch in diesem Brevier darum, im Gefolge des jeweiligen philosophischen Türöffners Einblicke in verschiedene Räume guter Lebensgestaltung zu gewinnen, wobei sich kollektive und individuelle, öffentliche und private Aspekte wechselseitig bedingen und durchdringen.

Obwohl der Autor (Rechts-, Politik- und Kultur-)Wissenschaftler ist, wendet sich dieses – mit leichter Hand geschriebene – Büchlein nicht gezielt an eine akademische Leserschaft, darf aber getrost auch von akademisch gebildeten Mitmenschen zur Hand genommen werden. Im Hinblick auf das Bedürfnis nämlich, ein »gutes Leben« zu führen, sind sich alle Menschen geschwisterlich verbunden, wenn auch die Vorstellungen von einem solchen »guten Leben« weit auseinandergehen mögen. Niemandem bleibt es erspart, ein höchstpersönliches ABC des guten Lebens zu erlernen. Das hier präsentierte knüpft an philosophische Positionen an, die für den eigenen geistigen Werdegang des Autors bedeutsam waren. Dafür, dass dabei die – gleich einem Orakelwurf vorgegebene – Buchstabenfolge zum Pfadfinder wurde, ist er dankbar. Ziel dieser kleinen Schrift ist es jedenfalls, die in einem vergleichsweise langen Leben gewonnenen Einsichten und Erfahrungen auf vergleichsweise knappe Weise zusammenzufassen, um damit dem einen oder anderen hierfür offenen Leser dabei zu helfen, selbst seinen philosophischen Weg durchs Alphabet des Lebens zu finden. Da sich manche Namens-Türen zur Sphäre der Ziel- und andere zur Sphäre der Wegfindung hin öffnen, ist es nicht unbedingt nötig, das Büchlein »von A bis Z« zu lesen. Wie bei der althergebrachten Bibellektüre nach Fingerzeig mag der Intuition auch hier ein Spielraum eröffnet werden. Bei jedem der als Türöffner geladenen Weisen nämlich befinden wir uns in guter Gesellschaft, wenn wir deren Einsichten vielleicht auch nur zum Teil oder bedingt als Gewinn für unseren eigenen Weg zu einem gelingenden Leben empfinden können. Dass er sich anhand des Alphabetes durch den Garten der Philosophie führen lassen konnte, hat der Autor selbst bei der

Niederschrift als besonders reizvoll empfunden. Auf diese Weise nämlich fügten sich ihm die Botschaften der hinter den einzelnen Buchstaben stehenden Weltweisen zu einer Art von Orakelpfad, dem er gerne folgte. Die Entscheidung darüber freilich, was ihn oder sie höchstpersönlich angeht, hat jeder Leser und jede Leserin ganz allein zu treffen.

München, im Frühjahr 2017
Peter Cornelius Mayer-Tasch

A

Aristoteles oder: Das gute Leben

Der Platon-Schüler Aristoteles von Stagira (384-322 v. Chr.) war es, der Ur- und Ziehvater der Politikwissenschaft, der dem Begriff des »guten Lebens« über die Jahrhunderte hin hat Flügel wachsen lassen. Für ihn ist es »Zweck des Staates, dass man gut lebe«.[2] Mit anderen Worten: Dem Staat obliegt es, zumindest den rechtlich-politischen Rahmen zu setzen, innerhalb dessen sich das gute Leben und Zusammenleben der Menschen entwickeln kann. So weit, so gut. Noch nicht beantwortet ist damit aber die Frage, was man sich unter einem solchen guten Leben vorzustellen hat. Auch darauf gibt Aristoteles eine Antwort: »Wohlfahren kann ... keiner, der nicht das Gute tut. Eine gute Tat aber gibt es weder bei dem Einzelnen noch beim Staate ohne Tugend und Verstand.« Dieser Erkenntnis des von der Sokratischen Tugendethik durchdrungenen Platon-Schülers mündet schließlich in die Überzeugung, dass »das beste und vollkommenste Leben ... für den Einzelnen ... wie für die Staaten als Gemeinschaften das Leben nach der Tugend«[3] ist.

Das »gute Leben« ein tugendhaftes Leben also. Was Tugendhaftigkeit für Staat und Politik zu bedeuten habe, hat Aristoteles in seinen politischen Schriften zum Ausdruck gebracht, die bis auf den heutigen Tag zur Erkenntnis- und Gestaltungsgrundlage für zahlreiche Staatsverfassungen insbesondere der euro-amerikanischen Politiksphäre geworden sind. Da dieses Brevier aber kein politikwissenschaftliches Traktat werden soll, sich vielmehr darauf konzentrieren will, was das »gute Leben« für den Einzelnen bedeuten kann, setzt der Autor hier voraus, dass der jeweilige rechtlich-politische Rahmen ein solches nicht über Gebühr beschwert. Mit anderen Worten: Er setzt voraus, dass sich dieses Leben des Einzelnen innerhalb eines im aristotelischen Sinne wohlverfassten Gemeinwesens entfalten kann. Davon, dass dies in unseren rechts-, volks- und sozialstaatlich umhegten Regierungssystemen, die durchweg gewaltenteilige Mischverfassungen aufweisen, im Großen und Ganzen der Fall ist, wird man ausgehen können. Unverkennbar ist aber auch, dass dies nicht zu allen Zeiten und nicht allerorten der Fall war und ist. Die Flüchtlingsströme, die nun schon seit Jahren die Grenzen der westlichen Welt überfluten, sprechen eine deutliche Sprache. Ein als tugendhaft definiertes Leben ändert sich im Grundsatz auch dann nicht, wenn es unter den Bedingungen von wirtschaftlicher Not, politischer Unterdrückung oder kriegerischer Bedrohung gelebt werden muss. Auch dem Tugendhaftesten allerdings wird es unter solchen Bedingungen schwerfallen, diese Grundsätze in der Praxis durchzuhalten. Nicht von ungefähr kannten und kennen die Rechtsordnungen aller Zeiten Rechtfertigungs- und Entschuldigungsgründe für normwidriges Verhalten bei unmittelbarer Bedrohung von Leib und Leben.

Diese Grundsätze selbst aber, das also, was er unter einem tugendhaften Leben versteht, hat Aristoteles insbesondere in seiner nach seinem Vater Nikomachos, dem Leibarzt König Philipps von Mazedonien, benannten *Nikomachischen Ethik* dargelegt. Ein tugendhaftes Leben ist danach ein Leben, das sich in dianoëtischer (also intellektueller) und in ethischer (also moralischer) Tüchtigkeit vollzieht, bei dem also Verstandeskraft und Charakterstärke zusammenwirken, wie er im zweiten Buch des Werkes darlegt.[4] Im fünften Buch der *Nikomachischen Ethik* singt er das Hohelied von Mitte und Maß. Das Gerechte und mithin auch Tugendhafte ist für ihn das je und je Mittlere. Die Verwirklichung dieser Qualitäten liegt in der »Mitte zwischen Unrecht-tun und Unrecht-erleiden. Denn das eine bedeutet, daß man ein Zuviel, das andere, daß man ein Zuwenig hat«.[5] In seinem Buch mit dem Titel *Mitte und Maß – Leitbild des Humanismus von den Ursprüngen bis zur Gegenwart*[6] hat sich der Autor dieser Zeilen nachzuweisen bemüht, dass diese aristotelische Verhaltensmaxime über die Jahrhunderte hin zum Kernbestand (nicht nur) der abendländischen individuellen und kollektiven Ethik zählte. Sowohl für die staatliche Innen- und Außenpolitik als auch für unseren familiären, beruflichen und gesellschaftlichen Alltag gehört sie zum täglichen Brot der Bewusstseins- und Verhaltenspraxis.

~ B ~

Boethius oder: Das wahre Glück

Zu Boethius (480-525), dem einem Justizirrtum zum Opfer gefallenen Kanzler des Ostgotenkönigs Theoderich, kommt

die Philosophie als Trösterin. Im Kerker zu Pavia, wo ihm zwischen Hochverratsprozess und Hinrichtung noch genügend Zeit bleibt, eines der bewegendsten Zeugnisse der abendländischen Geistesgeschichte zu verfassen, erscheint dem zunächst Verzweifelten, danach aber Getrösteten, die Philosophie in Gestalt einer »Frau von sehr ehrwürdigem Aussehen, mit feurigen und über die gemeine Kraft des Menschen hinaus durchdringenden Augen, von lebhafter Farbe und unerschöpflicher Frische, mochte sie auch so hoch an Jahren sein, dass man sie keineswegs für eine Zeitgenossin gehalten hätte, von einer Größe, die man nicht klar erkennen konnte. Denn bald hielt sie sich in dem gewöhnlichen Maße der Menschen, bald aber schien sie mit dem Gipfel ihres Scheitels an den Himmel zu rühren. Wenn sie aber ihr Haupt höher erhoben hätte, wäre sie selbst in den Himmel eingedrungen und hätte des Blickes der nachschauenden Menschen gespottet ...«[7]
Die derart apotheotisch beschriebene Lichtgestalt lehrt dem Eingekerkerten nun all jene Weisheiten, deren er bedarf, um sich mit seiner ausweglosen Lage abfinden zu können. Sie bedient sich dabei eines rhetorischen Kunstgriffs – der Relativierung aller vorstellbaren Glückszustände nämlich jenseits der Kerkermauern. »Wer«, fragt seine Lehrmeisterin, »besitzt ein so gesichertes Glück, daß er nicht zu einem Teile mit der Beschaffenheit seines Loses haderte?«[8] Auf diese rhetorische Pauschalfrage folgten dann die Auffächerung und Bestimmung mannigfacher Unannehmlichkeiten, die den Menschen dazu bringen können, mit seinem Schicksal zu hadern: »Dieser hat Geld in Fülle, aber ... schämt sich un-

edlen Blutes; den macht Adel bekannt, aber in dürftiges Vermögen gezwängt, möchte er lieber unbekannt sein. Jener hat an beidem mehr als genug, beklagt aber ein eheloses Leben; jener, glücklich verheiratet, aber ohne Kinder, häuft sein Vermögen für einen fremden Erben; ein anderer, gesegnet mit Nachkommenschaft, weint traurig über die Vergehen des Sohnes oder der Tochter ...«[9] Das Resümee der weisen, noblen Dame Philosophie: »Deshalb ist niemand leicht eins mit der Lage seines Geschickes, denn in jedem liegt etwas, was der, welcher es nicht erfahren hat, nicht kennt, wer es erprobt hat, schaudernd fürchtet.« Gerade die mit äußeren Glücksgütern am reichsten Gesegneten reagierten schon auf die geringfügigsten Beeinträchtigungen ihres Zustandes am empfindlichsten. Entscheidend für das eigene Glücks- oder Unglücksempfinden seien nicht die äußeren Umstände, sondern die innere Wahrnehmung dieser Umstände. Letztlich sei es das eigene Bewusstsein, das über Glück und Unglück entscheide. »Denn nichts«, hört Boethius seine erleuchtete Mentorin sagen, »ist jammervoll außer, wenn du es wähnst, und andererseits ist jedes Schicksal gesegnet durch die Ausgeglichenheit des Ertragenden.«[10]

Dass die Vermittlung derartiger Einsichten Boethius geholfen haben mag, seinen tiefen Fall und die Aussicht auf sein nahes, gewaltsames Ende gefasst hinzunehmen, ist nachvollziehbar. Auch uns Nachgeborenen mögen die Weisheiten der hehren Dame über eigene Misslichkeiten hinwegtrösten. Für den todgeweihten Boethius schlagen sie auch eine tragfähige Erkenntnisbrücke zur nur dort erreichbaren und erfahrbaren Eigentlichkeit des Glücks, das mit dem vollkommenen Guten und damit auch mit Gott, dem *Summum Bonum*, wesensgleich ist. Wahres Glück lässt sich mithin nur durch Teilhabe am göttlichen Wesen erfahren.[11] Solche Teilhabe am göttlichen Wesen aber kann den Sterblichen nur durch tugendhafte Ausrichtung seines freien Willens auf den allwissenden und allmächtigen Schöpfer- und Richtergott gelingen.

Mit diesem – zum Credo des mutmaßlich getrösteten Boethius gewordenen – Schlussappell der erlauchten Dame ist die sowohl archaische Gottesvorstellungen als auch stoische Weisheitslehren spiegelnde antike Moralphilosophie nahtlos in die frühchristliche Theologie und Ethik eingegangen. In seiner Schrift *De beata vita* (»Über das glückselige Leben«) setzt der Kirchenvater Aurelius Augustinus (354-430 n. Chr.) das Glück mit Weisheit gleich. Glücklich zu sein heiße, keinen Mangel zu leiden. Dies aber bedeute, weise zu sein.[12] Als Inbegriff und Quelle der Weisheit benennt er Gott: »Was aber soll man Weisheit nennen außer der Weisheit Gottes?«[13] Ihr sei alles zugeordnet, was als angemessen und schicklich gelten könne. Zur Bekräftigung seiner Gleichsetzung von Glück, Weisheit und Tugendhaftigkeit beruft sich Augustinus ausdrücklich auf den römischen Philosophen und Staatsmann Marcus Tullius Cicero (106-43 v. Chr.), der in seinem *Hortensius* (wenn auch ohne metaphysische Bezüge) ähnliche Gleichsetzungen vornimmt.[14] Hätte der umfassend gebildete Augustinus dies an dieser Stelle geplant, so hätte er seine Glücks-, Weisheits- und Tugendtrias, zumindest aber deren einzelne Elemente und Verbindungen weit in die vorchristlichen Kulturräume zurückverfolgen können – zu den ethischen Überlieferungen Chinas und Indiens, vor allem aber Persiens, die ihm von seiner manichäischen, und Israels, die ihm von seiner christlichen Sozialisation her vertraut waren. So aber ließ er es bei einem Bezug zu dem ihm kraft familiärer und akademischer Herkunft angestammten römisch-griechischen Kulturmilieu bewenden. Wie für die meisten großen Denker und Erfinder gilt auch für Augustinus insoweit die althergebrachte Erkenntnis, dass sie groß sind, weil sie auf den Schultern Anderer stehen.

Der markanteste Gegensatz sowohl der ciceronischen als auch der augustinischen Vorstellung von einem glücklichen Leben zu der landläufigen Glückswahrnehmung ist mithin ihre ethische Prägung, zu der sich nicht zuletzt bei Boethius noch ein metaphysischer Akzent gesellt. Nicht die aus ihrem Füllhorn scheinbar wahllos Glücksgüter oder Beschwernisse auf die Sterblichen ausschüttende *Fortuna* ist es, die über das (wahre) Glück oder Unglück der Menschen entscheidet, sondern vielmehr die Meisterung der Wechselverhältnisse des Lebens durch eine weise und tugendhafte Bewusstseinshaltung und Lebensführung. Das aus den *Carmina Burana* wohlbekannte Auf- und Abstiegsmotiv (»O fortuna / velut luna / semper crescis / aut decrescis / statu variabile«) wird damit in beiden Richtungen seiner Dramatik entkleidet und weitgehend relativiert. Für die Erlangung wahren Glückes entscheidend sind nicht die äußeren Umstände eines Lebens, sondern vielmehr die Reaktionen, die sie im Inneren des Menschen auslösen.

~ C ~

Cicero oder: Die Tugend des Bürgers

Wenn sich Marcus Tullius Cicero im *Hortensius* in ähnlicher Weise wie Boethius und Augustinus mit dem Wechselverhältnis von Glück und Tugend befasst, so geht es ihm doch letztlich weniger um die Befindlichkeit des Einzelnen in seiner Privatsphäre als vielmehr um die Haltung des Individuums im verfassten Kollektiv. In erster Linie geht es ihm um die Gesinnung und das Verhalten des Bürgers im Staat. Ciceros Lebenszeit (106-43 v. Chr.) fällt in die Epoche des Niedergangs der römischen Republik, die sich aus dem Widerstand gegen die Entgleisungen des altrömischen Königtums nach dem Sturz von Tarquinius »Superbus« (510 v. Chr.) allmählich entwickelt hatte und sich – dank seiner vergleichsweise ausgewogenen gewaltenteiligen Verfassung – fast ein halbes Jahrtausend erhalten konnte. Als Rhetor, Autor und Staatsmann kämpfte der aus dem Ritterstand zu senatorischem und konsularischem Rang Aufgestiegene ein Leben lang für die Erhaltung der von ihm als institutionelle Garantin eines politisch gedeihlichen Wechselspiels von bürgerschaftlicher Freiheit und gesamtgesellschaftlicher Bindung betrachteten Republik und gegen die diktatorischen Ambitionen verschiedener Exponenten der spätrepublikanischen Machtelite – einen Kampf, der schließlich zu seiner Ermordung auf Geheiß von Marc Anton führte, der wenige Jahre später seinem Rivalen Octavianus, einem Stiefsohn Cäsars, unter-

lag, was der römischen Republik den endgültigen Todesstoß versetzen sollte.
Ciceros lebenslanges Ringen um die Erhaltung der gewaltenteiligen Trias von Legislative (Senat und Volkstribunat), Exekutive (Konsulat, Quaestur, Ädilat) und Judikative (Praetur) war also letzten Endes zum Scheitern verurteilt. Auf die römische Republik folgte das Kaisertum (Prinzipat und Dominat). Die nur noch zum Schein aufrechterhaltenen Institutionen der Republik führten nur noch ein Schattendasein.
Trotz dieses letztendlichen Scheiterns erschien Ciceros Ringen gerade wegen seiner – nicht völlig, aber doch weitgehenden – Folgerichtigkeit und Beharrlichkeit über die Jahrhunderte hinweg als Leuchtturm charakterfester republikanischer Bürgertugend – der Haltung also, in der er auch seine Mitbürger bestärken wollte. Cicero war sich nämlich des Umstandes sehr wohl bewusst, dass Institutionen nur so wirkkräftig sein konnten wie diejenigen, die sie mit Leben erfüllen. Der Schwerpunkt seiner Bemühungen um die politische Kultur Roms war daher auch – ähnlich wie bei seinem Zeit- und Gesinnungsgenossen Marcus Porcius Cato dem Jüngeren (95-46 v. Chr.) – die Beschwörung der altrömischen Bürgertugenden. Nicht nur in seinen Staatsreden, sondern auch in all seinen anderen Schriften (*Über die Republik*, *Über die Ämter*, *Über die Gesetze*, *Über den Redner*) liegt daher auch das Schwergewicht seiner Ausführungen bei dieser volkspädagogischen Dimension des Politischen. Und auch in seinen Briefen und kleineren Schriften widmet er sich auf mannigfache Weise dieser Thematik. So etwa in der

Schrift *Laelius oder Die Freundschaft*, in der er die hohe Bedeutung der Freundschaft für den Zusammenhalt der Bürger im Rechten betont. Wie sehr das Gegenteil – nämlich die Kumpanei der auf Umsturz Sinnenden – die Verfassung des Staates gefährden kann, hatte ihm nicht zuletzt der (in die Zeit seines Konsulats fallende) erfolgreiche Kampf gegen die Verschwörung des Catilina gezeigt. Wie treffsicher Cicero damit schon vor zwei Jahrtausenden ein zeitloses Element potentieller Stabilisierung oder auch Destabilisierung angesprochen hat, zeigt nicht zuletzt die verhängnisvolle Rolle, die terroristische Cliquen jedweder Provenienz und Prägung in unserer Zeit spielen.
Obwohl Cicero in seiner philosophischen Grundhaltung von der durch Zenon v. Kition (354-262 v. Chr.) begründeten stoischen Philosophieschule geprägt war, teilte er nicht die apolitische Haltung der älteren Stoa. Zwar widmete er sich (u. a. in *Cato der Ältere über das Alter*) Fragen der individuellen Lebensführung. Zugleich gingen aber Philosophie und Politik bei ihm (der auf Rhodos zum Schüler von Poseidonios, 135-51 v. Chr., einem bedeutenden Vertreter der mittleren Stoa, geworden war) eine innige Verbindung ein. Nicht zuletzt überführte er die stoische Lehre vom Weltgesetz (Logos-Lehre) in eine auch politisch handhabbare Rechtslehre. Und die aktive Mitwirkung am politischen Leben wird aus seiner Sicht zur nobelsten Bürgerpflicht. Cicero wird so zum ersten Repräsentanten der dritten oder jüngeren Stoa, die mit Seneca (4 v. Chr.-65 n. Chr.) und Petronius (gest. 66 n. Chr.) ihren Fortgang nahm und mit Kaiser Marc Aurel ihren glanzvollen Abschluss fand. Im Ge-

gensatz zu dem als Sklave ohnedies zu einem apolitischen Leben genötigten Epiktet (ca. 50-140 n. Chr.) wusste auch Marc Aurel sein in eiserner Pflichterfüllung vollzogenes öffentliches Leben als Staatsoberhaupt mit einer stoischen Grundhaltung aufs Schönste zu vereinen, was nicht nur seinen *Selbstbetrachtungen*, sondern auch den Berichten über seine Lebensführung zu entnehmen ist.

Ciceros leidenschaftlicher Appell an die Bürgertugenden, die das Rom der republikanischen Periode groß gemacht hatten, hat die Jahrhunderte überdauert. Nicht zuletzt in der vom amerikanischen Präsidenten John F. Kennedy an jeden seiner Mitbürger gerichteten Aufforderung, zu überlegen »what you can do for your country«, hat dieser Appell auch in unserer Zeit eine eindrucksvolle Aktualisierung erfahren. Daran freilich, dass Cicero die von ihm so leidenschaftlich und so beharrlich beschworene Bürgertugend nicht zuletzt auch als einen zentralen und unverzichtbaren Beitrag zu einem gelingenden, zu einem »guten Leben« sieht, lässt er keinen Zweifel.

~ D ~

Diogenes oder: Die Bedürfnislosigkeit

Wenn von Diogenes die Rede ist, mag man an zwei verschiedene griechische Philosophen denken, deren Lebenszeit noch ins 5. vorchristliche Jahrhundert hineinreicht – an den (älteren) Diogenes von Apollonia (um 450) nämlich und an den (jüngeren) Diogenes von Sinope (412-323). Diogenes von Apollonia verkündete die Lehre von der Luft als Urstoff aller Dinge, die als Seele in Menschen und Tieren zugegen sei. Wenn von Bedürfnislosigkeit die Rede ist allerdings kann man nur an Diogenes von Sinope denken, den spektakulärsten Vertreter der von dem Gorgias- und (späteren) Sokrates-Schüler Antisthenes begründeten kynischen Schule. Während Antisthenes jedoch die Selbstgenügsamkeit oder Autarkie als in sich ruhende Tugend betrachtete, propagierte Diogenes sie in provokanter Weise als Legitimation auch der Überschreitung mitmenschlicher Moral- und Anstandsregeln. Als »Diogenes in der Tonne« wurde er einerseits zum vielbewunderten Urbild der Bedürfnislosigkeit, um das sich zahlreiche Anekdoten und Legenden (wie etwa die von einer Begegnung mit Alexander dem Großen) rankten, andererseits aber auch zum scham- und rücksichtslosen Propagandisten einer geradezu prostitutiven Selbstgenügsamkeit.

Ob der Name der kynischen Schule von jenem Gymnasium namens Kynosarges abgeleitet wurde, in dem Antisthenes zu lehren begann, oder aber von dem »Hundeleben« (gr. *kynos*: der Hund), das die Kyniker in den Augen ihrer Kritiker führten, ist umstritten und mag daher auch dahingestellt bleiben. Gewiss aber ist, dass der auch rhetorische Rücksichtslosigkeit signalisierende Begriff des »Zynismus« sich nicht zuletzt aus der von Diogenes verkörperten radikalen Spielart des kynischen Lebensstils ableitet.

Als kynisches Ideal überlebt hat nicht die (schon in Platons *Politieia* für den Philosophen- und den Wächterstand enthaltene) Forderung nach Frauen- und Kindergemeinschaft und erst recht nicht die – zuweilen geradezu unappetitliche – Lust an sozialer Provokation. Überlebt hat jedoch das Diogenes zugeschriebene, bis zur absoluten Selbstverleugnung reichende Ringen um Bedürfnislosigkeit – ein Ringen, das dem griechischen Wortsinn von Askese (*askēsis* = Übung) mehr als gerecht wurde. In vielerlei Form wurde Askese als Lebensform im Laufe (auch) der abendländischen Sozial- und Kulturgeschichte immer wieder als Ausweg beschworen, wo sich die generelle oder auch nur partielle gesellschaftliche Entwicklung im Dickicht von *hybris* und *luxuria* verheddert hatte oder schiere Notzustände die Bedürfnislosigkeit zur *nolens volens* akzeptierten Daseinsform werden ließen. Nicht von ungefähr fielen die Anfänge des christlichen Mönchtums in die von Not und Elend jeglicher Art geprägte Zeit des Niedergangs des römischen Reiches und der diesen Niedergang fördernden und besiegelnden Völkerwanderung. Und nicht von ungefähr wurde das Ideal der Askese stets aufs Neue als Rettungsanker ausgeworfen, wo die Tugenden des christlichen Neubeginns in Vergessenheit zu geraten drohten – im Zuge der franziskanischen, dominikanischen und kluniazensischen Reformbewegungen des mittelalterlichen Mönchtums nämlich. Und der – 1323 heilig gesprochene – *Doctor Angelicus* und Kirchenlehrer Thomas von Aquin (1226-1274) glaubte sich sogar sicher sein zu können, dass nicht zuletzt das Fasten einen Nachlass der Sünden bewirke. Zu fasten oder sich doch bei der Nahrungsaufnahme sehr zurückzuhalten, empfahl aus ganz anderen Gründen der venezianische Edelmann Lodovico [Luigi] Cornaro (1467-

1566), der dieser von ihm entdeckten Frugalitätsoase eine für sein Zeitalter außergewöhnlich lange Lebensspanne zu verdanken schien. In seinen *Abhandlungen über das genügsame Leben*[15] schildert er die heilsame Flucht aus der für seine Gesundheit ruinösen Üppigkeit der üblichen Tafelfreuden des venezianischen Patriziates. Cornaros – in drei Auflagen erschienene – Schrift mag als frühes Zeugnis einer (wenn auch zunächst lediglich individuellen) Nachhaltigkeitsstrategie gelten. Seit die Entwicklung und Verfolgung eines solchen nach stürmischen Jahrhunderten technischen und wirtschaftlichen Fortschritts ab der zweiten Hälfte des 20. Jahrhunderts als existentielle gesamtgesellschaftliche Notwendigkeit erkannt wurden, gewann das Thema eine nie zuvor in dieser Brisanz erlebt Aktualität. Der Ausstieg aus der Überflussgesellschaft und die Vermessung der längst zum geflügelten Wort gewordenen »Grenzen des Wachstums« (Meadows)[16] wurden zunächst im euroamerikanischen Kulturkreis und von hier ausstrahlend zum weltweit erkannten sozioökologischen Überlebensprogramm. Für die immer wieder ins Stocken geratende praktische Umsetzung dieses Überlebensprogrammes wird die schon von Heidegger beschworene »unerschöpfliche Kraft des Einfachen«[17] zum beflügelnden Medium einer erneuerten Form des kynischen Ideals der Bedürfnislosigkeit. Zwar ist der Rigorismus der ersten Kyniker auch in der Einfachheit als Lebensstil praktizierenden Gemeinde der ganzheitlich Motivierten nur in seltenen Ausnahmefällen zu beobachten – sehr wohl aber Ansätze zu einem zivilisatorischen Minimalismus, der die materiellen Möglichkeiten der Daseinsentfaltung deutlich unterschreitet, wie eh und je bewusstseinselitäre Züge trägt und den sozioökologischen Gegebenheiten und Notwendigkeiten wenigstens ein Stück weit entgegenkommt. Dass die sich für die Zukunft des Lebens auf dieser Erde mitverantwortlich Fühlenden den konsumistisch-hedonistischen Hauptstrom der zivilisatorischen Entwicklung – zumindest bislang – nur peripher abzuschwächen vermochten, ist jedoch unverkennbar. Allzu machtvoll ist die materiellen Wohlstand versprechende und Wachstum um fast jeden Preis fordernde Allianz von Politik und Wirtschafts-Mächten, die aus vielerlei strukturellen und funktionellen Gründen auf Gedeih und Verderb ineinander verstrickt sind.

Letztlich freilich verweist diese wie jede andere gesellschaftliche Entwicklung auf demographische und anthropologische Faktoren. Insbesondere verweist sie auf die Natur des Menschen, der in mannigfachen Spielarten und Blickrichtungen getrieben wird von einem »Verlangen nach Macht und abermals Macht, das erst im Tode endet«.[18] Dies jedenfalls behauptet der englische Staatsphilosoph Thomas Hobbes (1588-1679) in seinem *Leviathan* aus dem Jahre 1651. Und vieles spricht dafür, dass er Recht hat, sofern der Begriff der Macht nicht eindimensional definiert und so dämonisiert wird, was oft genug der Fall ist. Auch für die bislang noch am Rande Stehenden oder auch an den Rand Gedrängten und höchstens rhetorisch in das politökonomische Geschehen eingebundenen Um- und Mitweltbewussten muss es darum gehen, ihrer Bewusstseinshaltung entsprechende Verhaltensformen als Ausdruck spiritueller Gegenmacht zu leben. Soweit sie dies im Zeichen einer prononcierten Bescheidenheit ihres Lebensstils tun, können sie an der »unerschöpflichen Kraft des Einfachen« partizipieren und so (wenigstens) »ihre Seele retten«, wie es im Volksmund so schön heißt.

~E~

Epiktet oder: Die Gelassenheit

Von dem – später freigelassenen – phrygischen Sklaven Epiktet (ca. 50-138 n. Chr.) stammt einer der schönsten ethischen Mahn- und Merksätze der abendländischen Kulturgeschichte: »Denke daran«, heißt es in seinem (auf der Nachschrift seines Schülers Arrianus basierenden) *Handbüchlein der Ethik*, dass man sich [im Leben] »wie bei Tische betragen muß. Es wird etwas herumgetragen und kommt zu dir: strecke die Hand aus und nimm bescheiden deinen Anteil. Es wird vorbeigetragen: halte es nicht zurück. Es ist noch gar nicht gekommen: mache deine Begierde nicht weithin sichtbar, sondern warte, bis es zu dir herunterkommt. So sei es mit deinen Kindern, so mit deinem Weibe, so mit Stellungen und Reichtum, und du wirst einmal ein würdiger Tafelgenosse der Götter sein.«[19]

Man mag zwar anmerken, dass ein Satz wie dieser Epiktets Erfahrungen auf der untersten Ebene der Sozialpyramide geschuldet sei, muss dann aber zugleich auch zur Kenntnis nehmen, dass es kein Geringerer als der Philosophenkaiser Mark Aurel (121-180) war, der das Andenken Epiktets in hohen Ehren hielt. Unverkennbar durchklingt Mark Aurels *Selbstbetrachtungen* ein Epiktets Lehren kongenialer Ton. Neben Cicero, Seneca (4 v. Chr.-65 n. Chr.) und eben Mark Aurel kann Epiktet als bedeutendster Vertreter der jüngeren oder römischen Stoa gelten. Begründet wurde die aus der kynischen hervorgegangene stoische Schule von dem – durch einen Schiffbruch, bei dem er sein ganzes Vermögen verlor, auf diesen Pfad verwiesenen – zyprischen Kaufherrn Zenon von Kition (ca. 336-264 v. Chr.). Nach einer langen Vorbereitungszeit im Umkreis des Diogenes-Schülers Krates begann Zenon nach 300 v. Chr. in der Athener *Stoa poikile* (einer mit Wandmalereien geschmückten Säulenhalle) zu lehren – einem markanten Versammlungsort, dem diese während der griechisch-römischen Antike und darüber hinaus sehr einflussreiche Philosophenschule ihren Namen verdankt. Das Hauptaugenmerk der Stoa gilt dem tugendhaften Leben, das sie als ein natur- und damit zugleich auch vernunftgemäßes versteht. Die stoische Ethik kreist mithin um den *Logos* als göttliche Weltvernunft. Nur die Teilhabe an ihr gewährleistet wahre Tugend, wahre Gerechtigkeit und schließlich auch wahres Glück. Im Bewusstsein dieser Teilhabe stellen sich dann auch bei der Suche nach dem rechten Weg Augenmaß, Selbstbeherrschung und Gelassenheit als willkommene Weggefährten ein. Beim Einschwenken auf diesen (schon von dem indischen Prinzen Siddhartha Gautama nach seiner Erweckung gepriesenen) »mittleren Pfad« gelte es allerdings, drohende Engführungen zu umgehen. Insbesondere – so ein stoischer Grundton – sei die Befassung mit Politik für die Erlangung des Seelenfriedens hinderlich.

In diesem Punkt nimmt die ältere Stoa – Zenon, aber auch seine Schüler Kleanthes (330-233 v. Chr.) und Chryrippos (288-ca. 208 v. Chr.) – eine konsequente Haltung ein, die dann von der mittleren Stoa und deren Wortführern Panaitos (185-110 v. Chr.) und Poseidonios (150-50 v. Chr.) gelockert und von der jüngeren oder römischen Stoa weitgehend aufgegeben wurde, zumal ihr eine ganze Reihe prominenter Staatsmänner zuzurechnen sind. Die von der gesamten Stoa gelehrte Kerntugend der Gelassenheit (*Apatheia)* freilich blieb auch für sie bestimmend – eine Gelassenheit, die auch vor der Schwelle des Todes nicht zurückwich. Schon Zenon schied freiwillig aus dem Leben, als er seine Kräfte und damit auch seine Wirkungsmöglichkeiten schwinden sah. Seneca vollzog die ihm von seinem fehlgeleiteten Zögling Nero verordnete Selbsttötung mit »stoischer Ruhe«, wie wir heute sagen würden. Und Petronius, zur Zeit Neros höchster Schiedsrichter in allen Fragen des Geschmacks und der Schönheit sowie Autor der – uns nur als Fragment überkommenen – *Satyrica*, gestaltete ein Jahr nach Seneca (also 66 n. Chr.) seinen Abschied vom Leben in Vorwegnahme einer ähnlichen neronischen Order als wahrhaftes Fest, wie wir aus den *Annalen* des römischen Historikers Publius Cornelius Tacitus (ca. 55-ca. 120 n. Chr.) wissen. Ein vergleichbares Schicksal blieb Epiktet nicht zuletzt deshalb erspart, weil es nicht in seiner Macht stand, sich politisch missliebig zu machen. Vorsorglich hatte er in seinem *Handbüchlein der Ethik* vermerkt: »Unbesiegbar kannst du sein, wenn du zu keinem Wettkampf gehst, in dem zu siegen nicht in deiner Macht steht. Hüte dich davor, vom äußeren Schein hingerissen, jemand glücklich zu preisen, den du besonders ausgezeichnet oder vielvermögend oder sonstwie berühmt siehst ... Du selbst wirst ja nicht Feldherr, nicht Ratsherr, nicht Konsul sein wollen, sondern frei. Nur *ein* Weg aber führt dazu: Verachtung alles dessen, was nicht in unserer Macht steht.«[20] Nur so lasse sich wahre Gemütsruhe und wahres Glück finden.

Als Inbegriff von Epiktets Lebensphilosophie mag man daher auch die in Kapitel 8 seines *Handbüchleins* enthaltene Empfehlung betrachten: »Begehre nicht, daß das, was geschieht, nach deinem Gutdünken geschehe, sondern halte für gut, wie es geschieht und du wirst glücklich leben«[21] – eine Empfehlung dies, von der auch Saint-Exupérys Kleiner Prinz durchdrungen gewesen zu sein scheint, wenn er der Sonne allmorgendlich aufzugehen und allabendlich unterzugehen befahl ...

Epiktet selbst scheint die Befolgung seiner ethischen Bescheidenheits- und Gelassenheitsmaximen recht gut bekommen zu sein. Während andere Stoiker seiner Epoche, die sich in dieser oder jener Weise auf die Sphäre des Politischen persönlich eingelassen hatten, eines wenn vielleicht auch würdig hingenommenen oder selbst vollzogenen, aber eben doch vorzeitigen und gewaltsamen Todes gestorben sind, erreichte Epiktet als Vorsteher der von ihm (nach der Vertreibung aller Philosophen aus Rom unter Kaiser Domitian) in Epirus gegründeten Akademie mit fast 90 Jahren ein für seine Zeit ungewöhnlich hohes Lebensalter. Der Schlüssel hierzu dürfte nicht zuletzt sein in Übereinstimmung mit den Gesetzen göttlicher Weltvernunft geführtes ›gelassenes

Leben‹ gewesen sein, zumal man auch vermuten darf, dass Epiktet sich im Einklang mit seiner eigenen Empfehlung am Tisch des Lebens zurückzuhalten wusste. Und dies durchaus auch in einem ganz konkreten Sinne. Im Anschluss an dieses Gleichnis heißt es im *Handbüchlein*: »Wenn du auch von dem, was dir gereicht wird, nicht nimmst, sondern darüber hinwegsiehst, so wirst du nicht nur ein Genosse der Götter an der Tafel, sondern auch in der Herrschaft sein. So machten es Diogenes, Heraklit und Ihresgleichen und waren und hießen mit Recht göttlich.«[22] Ein deutlicher Hinweis dies auf die kynischen Wurzeln der Stoa. Aber auch an Lebensfreude dürfte es Epiktet in dieser zweiten Hälfte seines Lebens nicht gefehlt haben – an einer Lebensfreude, die ihm die von ihm sowohl propagierten als auch praktizierten Tugenden vermittelt haben.

Nicht von ungefähr wird auch die – ebenfalls aus kynischen Quellen schöpfende – Philosophie Epikurs (341-270 v. Chr.) als eine »Philosophie der Freude« charakterisiert.[23] Auch hier geht es um eine Freude, die aus der – von Epikuräern wie Stoikern gleichermaßen erstrebten und auf einer Ausgeglichenheit des Geistes gründenden – Seelenruhe erwächst. Insofern ist die epikuräische Zielgröße der *Ataraxia* eine Zwillingsschwester der stoischen *Apatheia*, wenn Letztere zumeist auch etwas strengere Züge erkennen lässt. Korrekturbedürftig jedenfalls ist das – seit der Spätantike unter nachdrücklicher Mithilfe der christlichen Kirchen hartnäckig kolportierte – Missverständnis, das die Epikuräer zu hedonistischen Lüstlingen stilisiert hat. Viel eher würde der Tenor des Liedes »Geh' aus mein Herz und suche Freud'...«

den epikuräischen Zielsetzungen gerecht. Obwohl Epikur selbst nicht den Begriff der Freude, sondern den der Lust gewählt hat, lässt sich dies seiner Definition dieses Begriffes unzweifelhaft entnehmen: »Wenn wir also die Lust für das letzte Ziel erklären, so meinen wir damit nicht die Vergnügungen der Schlemmer und nur den bloßen Genuß ..., sondern wir meinen das Freisein von körperlichem Schmerz und von der Unruhe des Gemütes. Denn nicht Trinkgelage mit tollen Umzügen noch der Umgang mit schönen Knaben und Weibern, noch der Genuß von Fischen und anderen Leckerbissen einer prächtigen Tafel machen das lustvolle Leben aus, sondern eine gelassene Klugheit, die verständig wählt und meidet und mit Wahnideen aufräumt, die die Seelenruhe stören.«[24]

Die diskriminierende Rhetorik, mit der die epikuräischen Lebensziele über die Jahrhunderte hin belegt und belastet wurde, galt letztlich wohl eher dem der Lehre zugrunde liegenden Materialismus als den epikuräischen Verhaltensempfehlungen, die sogar die kultische Verehrung der Götter umfassen. Auch die kontemplative Schau reiner Wesenheiten nämlich sollte den Seelenzustand freudiger Gelassenheit fördern.

Dass die Annahme dieses stoischen wie epikuräischen Ideals einer Haltung freudiger Gelassenheit angesichts der Herausforderungen des Lebens nicht zuletzt uns Heutigen wohl anstünde, die wir in einer Welt leben dürfen und müssen, die jenseits aller Pseudotransparenz in ihrer globalen Komplexität immer undurchschaubarer (und zudem von Do-it-yourself-Apokalypsen verschiedenster Art bedroht) wird, bedarf kaum besonderer Betonung.

F

Ficino oder: Des Menschen Weg

»When doors close, others open« lautet ein amerikanisches Sprichwort. Eine Vielzahl jüdischer Gelehrter, für die im Dritten Reich kein Platz mehr war, konnte die Stimmigkeit dieses Erfahrungswissens bei ihrer Aufnahme in den Lehrkörper insbesondere amerikanischer Universitäten erleben. In ähnlicher Weise hatten sich für eine Reihe von griechischen Gelehrten mit der Eroberung Konstantinopels durch Mehmet II. im Jahre 1453 die Türen zu ihren Bibliotheken und Auditorien geschlossen. Im Westen jedoch öffneten sich für sie mit der 1459 erfolgten Begründung der (Neu-)Platonischen Akademie in Florenz durch den dortigen Bank- und Stadtherrn Cosimo de Medici (1389-1464) neue Türen. Die Badia di Fiesole, oberhalb von Florenz gelegen und heute Teil des Europäischen Universitätsinstitutes, wurde nicht zuletzt durch diesen hellenistischen Wissenschaftstransfer zu einem Zentrum des abendländischen Humanismus, in dessen Umkreis sich die Philosophie nicht (mehr) – wie durchweg an den kirchlich dominierten Hohen Schulen des Mittelalters – als bloße »Magd der Theologie« zu fühlen brauchte. Erster Vorsteher der neuen Akademie wurde Marsiglio Ficino (1433-1499), ein enger Vertrauter Cosimos. Ihm zur Seite stand Francesco Filelfo (1398-1481), der zahlreiche philosophische Manuskripte aus Byzanz mitgebracht hatte und sie nun zur Bereicherung des Grundstocks der

Florentiner Bibliothek aus dem Griechischen ins Lateinische übersetzte.

In seinem Bemühen, den philosophischen Blick auf den Menschen aus dogmatischen Engführungen zu befreien, ihn in gewisser Weise gottunmittelbar werden zu lassen und damit zugleich auch das durch das allmähliche Vordringen des aristotelischen Empirismus herausgeforderte Christentum auf neuen Wegen zu stärken, suchte Ficino dessen tiefere Begründung in hellenistischem Gedankengut. In eigenen Übersetzungen und Interpretationen widmete er sich insbesondere den Schriften Platons (437-347 v. Chr.) sowie auch dem Neuplatonismus von Plotin (205-270 n. Chr.) und Proklos (410-485). Wie Augustinus gilt auch Ficino Gott als Schöpfungs- und Emanationsort der menschlichen Seele, die er in der Mitte des Kosmos sieht. Letztes Ziel des Menschen ist die Wiedervereinigung seiner Seele mit ihrem göttlichen Urgrund, weshalb sie sich auch wesenhaft aus ihrem Stand- und Wirkort der kosmischen Mitte heraus über die ihr nachgeordnete Sphäre des Materiellen erheben und der ihr übergeordneten Sphäre des Engelgleichen und Göttlichen annähern muss, an der sie als Geschöpf der Mitte ebenso Anteil hat wie an der Sphäre des Materiellen, in der sie »Fleisch geworden« ist. Alle Erkenntnis dient diesem Ziel und ist letztlich nichts anderes als ein Wiedererinnern an den Ort der Herkunft und eine Teilhabe an der göttlichen Vernunft. Erlösung ist für Mensch und Erde wie für den ganzen Kosmos nur durch diese Rückkehr möglich.

Unverkennbar greift Ficino mit diesem Blick auf den dem Menschen vorgegebenen Weg auf neuplatonisches Gedankengut aus dem 5. Jahrhundert zurück, wie es insbesondere bei dem unter dem Einfluss von Plotin, Jamblichos und Proklos philosophierenden (Pseudo)Dionysios Areopagita zum Ausdruck kommt, nach dessen Lehre sich das Weltgeschehen zwischen dem Ausfluss alles Seienden aus Gott und der Rückkehr alles Seienden zu Gott entfaltet. Zu dieser Rückkehr gibt es aus dieser Sicht keine Alternative, »weil Du [Gott] uns ja auf Dich hin geschaffen hast«[25], wie es in den *Bekenntnissen* von Augustinus (354-430), einem anderen großen Erben des Neuplatonismus, heißt. Für den Autor des »Gottesstaat(s)« [De Civitale Dei] wird diese Rückkehr des in zwei Gesellschaftswelten – der allem Irdischen verfallene *civitas terrena* und der himmelwärts ausgerichtete *civitas Dei* – verstrickten Menschen zur großen Pilgerreise. Das Bild vom Menschen als *Homo Viator*, als Pilger- oder Wandernder zu Gott, hat die christliche Theologie des Mittelalters geprägt, prägt aber auch den christlichen Humanismus der Renaissance, der dem Menschen bei der Wahl seiner Wegführung allerdings sehr viel mehr Eigeninitiative und Entscheidungsfreiheit einräumt, als dies während des institutionell streng um- und durchhegten Mittelalters der Fall war.

Den existentiellen Scheideweg dieser Pilger- oder Wanderschaft markiert auf besonders eindrucksvolle Weise der ebenfalls im Umkreis der Mediceischen Akademie wirkende Giovanni Pico della Mirandola (1463-1494) in einer 1486 verfassten und zehn Jahre später erschienenen Schrift mit dem Titel *Über die Würde des Menschen* (De dignitate hominis).[26] Ganz im Sinne Ficinos sieht auch er den Menschen als ein in den Mittelpunkt der Erde gestelltes, Himmel und Erde in sich bergendes und daher auch unausweichlich zu einer Richtungsentscheidung berufenes Wesen. Was ihm sein Schöpfer auf den irdischen Weg mitgibt, ist – in den Worten Pico della Mirandolas – unmissverständlich: »Weder als einen Himmlischen noch als einen Irdischen habe ich dich geschaffen und weder sterblich noch unsterblich dich gemacht, damit du wie ein Former und Bildner deiner selbst nach eigenem Belieben und aus eigener Macht zu der Gestalt dich ausbilden kannst, die du bevorzugst. Du kannst nach unten hin ins Tierische entarten, du kannst aus eigenem Willen wiedergeboren werden nach oben in das Göttliche.«[27]

Trotz aller Bewunderung für die menschliche Entscheidungsfreiheit und Entscheidungsmacht bleibt doch die Sphäre des Göttlichen während dieser Epoche noch mehr oder weniger unangefochten. Schon bei Meister Eckart (1260-1328) freilich, der von einer möglichen Gottesgeburt *im* Menschen spricht (und damit unter Häresieverdacht gerät), wurde die Möglichkeit eines Herüberholens der Transzendenz in die Immanenz beschworen. Und drei Jahrhunderte später blieb es dann Baruch de Spinoza (1632-1677) vorbehalten, mit seinem pantheistischen Paukenschlag – »Gott oder die Natur«[28] – die Transzendenz völlig mit der Immanenz zu verschmelzen und damit ein (nicht nur) christliches Tabu zu durchbrechen, ein Tabubruch freilich, der auch in der vorwiegend christlich gestimmten Romantik des frühen 19. Jahrhunderts Sympathien fand. Während es aber zu diesem nackten Pantheismus immerhin schon vorsichtige Ansätze im christlichen Mittelalter gegeben hatte, sollte die materialistische Religionsphilosophie von Ludwig Feuerbach (1804-1872) zu einer noch größeren Herausforderung für die christliche Theologie werden. Für ihn steht der Mensch – und nur der Mensch – am Anfang, in der Mitte und am Ende jeder Religion. In seiner Schrift *Das Wesen des Christentums* wird die Anthropologie zur Theologie erhoben. Feuerbach sieht jede Gottesvorstellung als Geschöpf der Sehnsucht des Menschen und im Gebet als Zwiesprache mit Gott nichts anderes als das Ergebnis einer Selbstteilung des Menschen – als ein Gespräch des Menschen mit sich selbst. So wird der Mensch dem Menschen zum Gott, eine These, die im Umkreis des Marxismus auf fruchtbaren Boden fiel. Widerlegen freilich vermochte die Feuerbach'sche Hypothese die Grundüberzeugungen des Neuplatonismus keineswegs. Hätten Ficino und seine Gesinnungsfreunde zu einem Streitgespräch mit Feuerbach antreten können, so hätten sie ihm vermutlich die (rhetorische) Frage gestellt, woher denn das von ihm erkannte »Herzensbedürfnis« des Menschen nach der Existenz Gottes komme, und diese Frage dann auf ihre Weise beantwortet. Gewiss ist auch heute nur so viel: Der von der Wiege bis zur Bahre (und vielleicht darüber hinaus) führende Weg des Menschen ist von jedem Einzelnen nach den eigenen Zielvorstellungen in den ihnen angepassten Wegführungen auszuwählen. Ihm allein obliegt es, die geistigen Angebote von Theologie oder Philosophie anzunehmen oder zu verwerfen. Aus dieser Selbstverantwortung vermag ihn niemand zu entlassen.

~ G ~

Albericus Gentilis oder: Die Nachsicht

Der Universalgelehrte Gottfried Wilhelm von Leibniz (1646-1716) war es, dem der erkenntnistheoretisch bemerkenswerte Satz zugeschrieben wird: »Ich billige alles, was ich lese, weil ich sehr wohl weiß, dass man die Dinge sehr unterschiedlich betrachten kann.« Wenige Monate vor der Geburt von Leibniz starb in Oxford der dort lehrende, aus Italien stammende, aber zum Protestantismus übergetretene Rechtsphilosoph Albericus Gentilis (1552-1645), der in seinen *Drei Büchern über das Recht des Krieges* (De iure belli libri tres) aus den Jahren 1588/89 den für die beiden nächsten Jahrhunderte völkerrechtlich wegweisenden Begriff des *iustus hostis*, des »gerechten Feindes«, geprägt hatte, der dem nachgeborenen Leibniz gut gefallen haben dürfte.

Das neuzeitliche Völkerrecht hatte sich im Umkreis des Dreißigjährigen Krieges aus dem Naturrecht entwickelt und war von Autoren wie dem Niederländer Hugo Grotius (1583-1645) und dem Deutschen Samuel v. Pufendorf (1632-1694) wesentlich gefördert worden. Obwohl diese Nestoren des Völkerrechts davon ausgingen, dass im Grunde nur Notwehr- und Abwehrkriege gerechtfertigt seien, und deren Ziel stets nur die Wiederherstellung der gestörten Ordnung sein dürfe, verlagerte sich der Schwerpunkt der völkerrechtlichen Regeln und Usancen jenseits der Normalität friedlicher Vereinbarungen mehr und mehr hin zur bloßen Hegung der – aus welchen Gründen auch immer ausgebrochenen – Kriege durch nach und nach immer deutlicher präzisierte Humanitätsregeln, zu denen u. a. das Gebot formeller Kriegserklärungen, die Pflicht zum Tragen von Uniformen und der rücksichtsvolle Umgang mit Kriegsgefangenen zählten. Der den Dreißigjährigen Krieg beendende Friede von Münster und Osnabrück (1648) bildete den geschichtlichen Ausgangspunkt für den nun einsetzenden Siegeszug dieses europäischen Grundkonsenses, der während der antinapoleonischen Freiheitskriege obsolet zu werden drohte und nach einer theoretischen Hoch-Zeit an der Wende vom 19. zum 20. Jahrhundert im Bann der ideologischen Radikalisierungen und der beiden Weltkriege gänzlich aufgekündigt wurde.

Politische Voraussetzung für diese Entwicklung war die normative wie faktische Anerkennung des Souveränitätsprinzips und damit der vollen Landeshoheit der bisherigen Glieder des »Heiligen Römischen Reiches (Deutscher Nation)«. Diese Landeshoheit umfasste nicht zuletzt auch das Recht, die auf dem jeweiligen Territorium zu achtende Religion und Konfession zu bestimmen (»cuius regio, eius religio«) sowie Bündnisse einzugehen und Kriege zu führen, ohne dadurch die rechtliche Reichseinheit zu verletzen und die Verhängung der damit verbundenen Sanktionen zu riskieren. Die politikphilosophischen Voraussetzungen hierfür hatte der französische Jurist und Rechtsphilosoph Jean Bodin (1529/30-1596) mit der Entwicklung des Souveränitätsprinzips geschaffen, das die – nur durch die ›Gesetze Gottes und der Natur‹ begrenzte – Unabhängigkeit des

Staates im Verhältnis zu anderen staatlichen oder staatsähnlichen Mächten sowie die unumschränkte Oberhoheit des Staates im Inneren begründete.[29] Die *Sechs Bücher über den Staat*[30] aus dem Jahre 1576 waren Bodins Antwort auf das Elend der französischen Konfessionskriege, in denen sich Katholiken und Hugenotten scheinbar unversöhnlich gegenüberstanden. Erst durch den Sieg des »guten Königs« (wie er heute noch genannt wird) Heinrich IV. und das von ihm erlassene Toleranzedikt von Nantes (1598) konnte das Elend überwunden werden. Gesinnungsgenossen Bodins im Kampf gegen den beherrschenden Einfluss miteinander wetteifernder Konfessionen auf die Politik und für die Durchsetzung religiöser Toleranz waren außer der Gruppe der säkular gesinnten »Politiques« u. a. der Skeptiker und Begründer des Essayismus, Henri de Montaigne (1533-1592), und – jenseits des Ärmelkanals – Albericus Gentilis, von dem der Ausruf *Silete Theologi in munere alieno* (»Schweigt, Ihr Theologen auf fremder Bühne!«) überliefert ist. Als ihre eigene Bühne freilich hatten die Theologen – und dies mit zuweilen äußerst unheilvollen Konsequenzen – die Bühne der Politik seit eh und je beansprucht. Der allmähliche Fortschritt aufklärerisch-skeptischen Denkens ab der Renaissance und die desaströsen Folgen der Mésalliance von theologischen Rechthabereien und kirchlichem Machtstreben mit weltlichen Opportunismen – Inquisition also, Hexenprozesse und Verfolgung wie Austreibung Andersgläubiger – trugen nach und nach dazu bei, die philosophische, schließlich aber auch die politische Toleranzschwelle gegenüber der Intoleranz zu senken. Da-

bei Pate gestanden haben dürfte für so manchen Kenner des nun »wiedergeborenen« antiken Schrifttums der Agnostizismus des Vorsokratikers Protagoras (480-415 v. Chr.), der in seiner Schrift *Von den Göttern* erklärt: »Von den Göttern vermag ich nicht festzustellen, daß es sie gibt, noch, daß es sie nicht gibt, noch was für eine Gestalt sie haben; denn vieles hindert ein Wissen hierüber: die Dunkelheit der Sache und die Kürze des menschlichen Lebens.«[31] Ein Satz dies, mit dem sich Protagoras im sogenannten christlichen Mittelalter wohl die Aufmerksamkeit der Inquisition zugezogen hätte. Verfolgungen jedenfalls konnte man sich schon mit geringfügigeren Abweichungen von der jeweils ›reinen Lehre‹ (auch im Genf Calvins loderten Scheiterhaufen!) einhandeln, wobei religiöser Fanatismus und bloßer Rigorismus der Machtbehauptung oft schwer voneinander zu trennen waren.
Auch den anderen Sternen folgenden Gegner in seiner Andersartigkeit zu respektieren oder wenigstens nicht zu diskriminieren fällt den Menschen seit eh und je unendlich schwer. Wie schwer es ihnen fällt, hat nicht zuletzt die Tatsache gezeigt, dass das in so vielem fortgeschrittene 20. Jahrhundert trotz den überwunden geglaubten mittelalterlichen und nachmittelalterlichen Abgründen der Intoleranz im Verlauf der ideologischen Auseinandersetzungen zwischen diversen Zivilreligionen erneut wahre Orgien der Unmenschlichkeit feierte. Und selbst noch der Beginn des 21. Jahrhunderts zeigt in Gestalt des islamistischen Extremismus, dass diese schlecht verheilende Wunde der Mitmenschlichkeit jederzeit neu aufbrechen kann.

Weithin ausstrahlende philosophische Leuchtfeuer aufgerichtet haben der Nachsicht und Toleranz Denker wie der französische Humanist Jean Bodin mit seinem *Colloquium Heptaplomeres*[32] und der deutsche Aufklärer Gotthold Ephraim Lessing mit seinem – in gewisser Weise an das Colloquium Heptaplomeres – erinnernden Theaterstück *Nathan der Weise*. Dass freilich auch der Nachsicht mit andersartigen Überzeugungen und Verhaltensweisen dort Grenzen gesetzt werden müssen, wo sie es zulassen (würden), eine auf Selbstbestimmung und Nachsicht gegründete Ordnung zu zerstören, ist unabweisbar. Dies gilt in privaten wie in öffentlichen Bezügen, bedarf aber in jedem Einzelfall genauer und gewissenhafter Abwägung. Unter dieser Voraussetzung aber mag Albericus Gentilis' Wort vom »gerechten Feind« auch uns Heutigen noch gute Wege weisen.

H

Thomas Hobbes oder: Der Friede

Zu den Optimisten wird ihn niemand zählen wollen, »das Auge sonnenhaft«. Ganz im Gegenteil: Wie der Florentiner Staatsmann Niccolò Machiavelli (1469-1527) gehört auch der englische Staatsphilosoph Thomas Hobbes (1588-1679) zu den Schwerenötern der Sozial- und Politikphilosophie. Und dies, obwohl er nichts anderes im Sinne hatte als die Schaffung und Bewahrung des Friedens unter den Menschen – eines Friedens, den er nicht nur während seiner Lebenszeit, also im Zeitalter der europäischen Konfessionskriege, sondern stets und überall existentiell gefährdet sah. Angenehm nämlich ist es nicht, das Leben des Menschen in dem von ihm als logischer Mythos unterstellten »Naturzustand«, sondern vielmehr »einsam, arm, kümmerlich, roh und kurz«[33], weil sich die menschlichen Wölfe in ihrem unstillbaren »Hunger nach Macht und abermals Macht, der erst im Tode endet« in einem teils latenten, teils virulenten Krieg aller gegen alle, zumindest aber in einem ständigen Wettkampf um die verfügbaren Güter des Lebens begegnen.[34] Immerhin weist der Autor des *Leviathan* (1651) den doch auch Vernunftbegabten einen Weg aus diesem Inferno, wenn auch zu einem hohen Preis: In einem Vertrag aller mit allen verpflichten sich die menschlichen Wölfe, all ihre Macht einem politischen Großwolf (der freilich auch aus einem Gremium bestehen kann) zu übertragen, damit dieser zu jeder Zeit in der Lage ist, die Schaffung und Aufrechterhaltung des Friedens zu garantieren.

Den entscheidenden Einwand freilich gegen diese – im Extremfall vielleicht kurzfristig hilfreiche – Holzhammermethode der Friedenssicherung hat schon Hobbes' Landsmann John Locke (1632-1704) in seiner Abhandlung *Über die Regierung* zum Ausdruck gebracht: Wer, so Locke, werde sich wohl Löwen ausliefern, um Luchsen und Füchsen zu entgehen? Und in der Tat ist unverkennbar, dass autoritäre bis totalitäre Systeme den innerstaatlichen Frieden zwar erzwingen können – dies in aller Regel aber nur für eine gewisse Zeitspanne, die ausläuft, wenn Willkür und Unterdrückung ein gewisses kritisches Grenzmaß erreicht haben. Wenn dann »der Gedrückte nirgends Recht kann finden« und »getrosten Mutes hinaufgreift zu den ew'gen Rechten, die droben hangen unveräußerlich«[35], ist es um diesen Frieden geschehen. Wie gewaltsam erzwungene Friedenszustände gehören auch Rebellionen und Revolutionen zu den ständig wiederkehrenden Geschehnissen der Menschheitsgeschichte.

Trotz der Unumstößlichkeit der Tatsache, dass mittels autoritärer Freiheitsbeschneidung zwar kurzfristig »Ruhe und Ordnung« hergestellt werden können, mittel- und langfristig aber selten etwas anderes als Unfriede entsteht, wurde Hobbes' Modell zum Urbild der Staatlichkeit. Lockes Einwand aber mündete in die zunächst theoretische Vorbereitung und dann praktische Umsetzung eines Systems der Gewaltenteilung, das schon Aristoteles ansatzweise im Auge hatte und in manchen Staatsverfassungen (Spartas etwa, Roms und Venedigs) in unterschiedlicher Weise entwickelt werden sollte, ohne freilich gelegentliche Rückfälle in einen blanken Autoritarismus oder gar Totalitarismus verhindern zu können.

Seit Beendigung des Zweiten Weltkriegs, spätestens aber seit der Beendigung des Kalten Krieges zwischen Ost und West, scheint zumindest der zwischenstaatliche und der kollektive innerstaatliche Friede in fast allen europäischen Ländern gesichert zu sein. Dass dies nicht alles, aber viel ist, wissen zumindest all jene, die die Konsequenzen innerstaatlicher Bürgerkriege am eigenen Leib zu erdulden hatten. Wo der kollektive Friede eines Gemeinwesens gefährdet oder gar völlig verloren gegangen ist, ist es auch kaum möglich, den individuellen Seelenfrieden zu wahren, obwohl dessen Wahrung letztlich anderen Gesetzlichkeiten folgt. Auch wer vor allem ihn im Auge hat, tut daher gut daran, sich als mündiger Bürger um eine übermäßige Machtkonzentration und Machtmissbrauch verhindernde politische Kultur seines Gemeinwesens zu kümmern.

»Das Ziel der Politik ist der Friede«, überschrieb der Publizist und Politologe Dolf Sternberger seine Heidelberger Antrittsvorlesung aus dem Jahre 1947. Und wenn der Friede auch nicht das einzige Ziel der Politik ist, so ist es doch das Einzige, ohne das sich alle anderen entweder überhaupt nicht oder nur schwer verwirklichen lassen. Grund genug mithin, sich auf jede erdenkliche Weise um die Erreichung und Absicherung dieses Zieles zu bemühen.

~1~

Ibn Rušd (Averroēs) oder: Die Vereinbarkeit von Vernunft und Glauben

Wie viel Not und Elend wären uns doch erspart geblieben, wenn sich Ibn Rušds Vorstellungen und Überzeugungen in der islamischen Welt ebenso schnell verbreitet und (vor allem) durchgesetzt hätten wie die Einsichten und Forderungen der europäischen Aufklärer ab dem 18. Jahrhundert im Abendland. Würden Anhänger seiner Lehre heute radikalislamischen syrischen IS- oder nigerianischen Boko-Haram-Milizen in die Hände fallen, würden sie als Häretiker wahrscheinlich ihren Kopf verlieren.

Ähnlich wie der ihm zeitlich vorangegangene Perser Ibn Sina (lat. Avicenna, 980-1037) konnte sich auch der einer angesehenen Berberfamilie entstammende, 1026 in Córdoba geborene und 1198 in Marrakesch gestorbene Ibn Rušd (lat. Averroēs) während und nach einem Studium des islamischen Rechts, der Medizin, der Theologie und der Philosophie zum Universalgelehrten entwickeln, dessen geistiger Einfluss nicht zuletzt im Abendland bis an die Schwelle zur Neuzeit (und zum Teil auch darüber hinaus) unverkennbar war. In der islamischen Welt blieb seine geistige Strahlkraft nach dem Abschluss der Reconquista eher im Umfeld des mystisch geprägten Sufismus spürbar. In erster Linie freilich war und verstand sich Averroēs als Philosoph, der der menschlichen Vernunft eine herausragende Bedeutung für die Erkenntnis von »Gott und (der) Welt« zumaß und sich damit auf das Koran-Gebot »Denkt nach, die Ihr Einsicht habt« stützen zu können glaubte. Im Gegensatz zur islamischen Orthodoxie lehnte Averroēs es ab, Religion und Philosophie als unvereinbar zu erklären oder gar die Letztere zur »Magd der Theologie« zu degradieren, wie dies die christlichen Scholastiker taten. Letztlich galt Averroēs die Theologie als Geschöpf der Philosophie, die er als Königin der Wissenschaften empfand.

Das kulturelle Milieu nicht nur des byzantinischen Reiches, sondern auch der ihm nach und nach durch die mohammedanischen Expansionszüge entrissenen Territorien war vom 8. bis 12. Jahrhundert noch weithin von den Zeugnissen und Erkenntnissen der antiken griechischen Philosophie geprägt, die jedoch – je nach politischem Herrschaftsbereich und soziokultureller Augenblickslage – in ein mehr oder minder starkes Spannungsverhältnis zur christlichen bzw. islamischen Orthodoxie gerieten. Ehe der Wiedereroberungsdruck der nordspanischen Königreiche auf die in maurischer Hand verbliebenen Emirate Córdoba und Granada übermächtig wurde, herrschte unter der Dynastie der Almohaden (1147-1212/1269) in Córdoba eine Atmosphäre vergleichsweise hoher Toleranz und Freizügigkeit, in der sich die Bemühungen Ibn Rušds um eine Harmonisierung von Philosophie und Religion zunächst ungehindert entwickeln konnten. Wie sich später Dante Alighieri den Dichter Vergil zum Führer durch die christlichen Jenseitslandschaften erkor, so erwählte sich Averroēs den Großmeister der griechischen Philosophie, Aristoteles, zum Mentor bei seinem kognitiven Zugriff auf Physik und Metaphysik. Dass er zu jedem der Bücher des schlichtweg als »Der Philosoph« Apostrophierten einen Kommentar verfasste, ließ ihm im Abendland den Ehrentitel »Der Kommentator« zuwachsen, wobei jedem Gebildeten klar war, an wessen geistige Fersen er sich geheftet hatte.

Wie für Aristoteles ist auch für Averroēs die Vernunft das unverzichtbare Gefährt seiner Reise durch die Diesseits- und Jenseitslandschaften von Zeit und Ewigkeit. Gott versteht er als von Ewigkeit zu Ewigkeit wirkenden, unbewegten Beweger – als Schöpfergeist, der zwar erste Ursache alles Geschaffenen ist und dieses Geschaffene auch in seiner

Entwicklungsdynamik und Entwicklungsdialektik bedenkt bzw. bedacht hat, sich jedoch unmittelbarer Eingriffe enthält. Ganz im aristotelischen Sinne gilt Averroēs denn auch die menschliche Individualseele nicht als unsterblich, sondern eher als Teil einer mit Gott verbundenen Weltseele, in die sie nach dem Tod ihrer Körperlichkeit wieder ein-, als Individualität aber untergeht. Vom Fortleben einer Individualseele geht Ibn Rušd also ebensowenig aus wie von einem unmittelbaren (und sei es auch nur gelegentlichen) Interesse der Gottheit an deren irdischem Schicksal. Dass ihn dies in einen scharfen Gegensatz zur islamischen Orthodoxie führen und auch bei seinen abendländischen Bewunderern – den Aristotelikern Albertus Magnus etwa und Thomas von Aquin – auf Widerspruch stoßen musste, liegt auf der Hand.

Weniger solche Vorstellungen als vielmehr die Rolle, die Averroēs der Vernunft auch beim Umgang mit dem Koran zuweist, hat ihn zum Protagonisten einer Art von islamischer Aufklärung werden lassen. Indem er dem Grunddokument des Islam eine zumindest teilweise allegorische Bedeutung zusprach, öffnete er großzügigen Interpretationen Tür und Tor, bot damit aber zugleich auch den Vertretern der ›Reinen Lehre‹ willkommene Angriffsflächen. Was Averroēs im 12. Jahrhundert erfuhr, sollte den christlichen Aristotelikern im 13. Jahrhundert in ähnlicher Weise widerfahren. Selbst der »Doctor Angelicus« Thomas von Aquin (1224-1274) geriet – wenngleich posthum – noch ins Visier der Inquisition. Zum Schicksal unabhängiger Geister jeglicher Provenienz und Prägung gehört es seit eh und je, zunächst in die Nische eines irgendwie gearteten Häresievorwurfs gedrängt, um sodann bei passender Gelegenheit aus dieser Nische gezerrt und zum Pranger oder gar zum Richtplatz geführt zu werden. Aufgrund der massiven Anfeindungen islamisch-orthodoxer Kreise fiel Averroēs in Ungnade und verlor sein Richteramt. Aus Córdoba verbannt und erst kurz vor seinem Tod wieder teilweise rehabilitiert, starb er zu einem Zeitpunkt in Marrakesch, als der vierjährige spätere Averroēs- und Aristoteles-Bewunderer Friedrich II. von Hohenstaufen in den Winkeln und Gassen Palermos die ersten arabischen Worte und Sätze in seinen überwachen Verstand aufnahm. Wenn der gegen Ende seines Lebens als *stupor mundi* bestaunte Staufer heute vielfach als erster moderner Europäer gesehen wird, so hat dies nicht wenig mit dessen Rezeption der – nicht zuletzt Averroēs zu verdankenden – Ansätze zu einer islamischen Aufklärung zu tun. Dass eine solche noch immer auf sich warten lässt, jedenfalls aber keine der europäischen Aufklärung vergleichbare Verbreitung in der islamischen Welt gefunden hat, gehört zu den soziokulturellen und damit letztendlich auch politischen Geißeln der Gegenwart. Würde zum geistigen Gemeingut werden, was in den kulturellen Hoch-Zeiten Córdobas von Geistesgrößen wie Averroēs vorbereitet wurde, könnte nicht nur die von konfessionellen Konflikten zerrissene islamische Welt, sondern auch das von ihr inzwischen fast unentrinnbar durchwirkte Europa einer entspannteren Zukunft entgegensehen.

J

Jesus von Nazareth oder: Die Nächstenliebe

Der nach dem Zeugnis seiner Jünger während der Regierungszeit des (ersten) römischen Kaisers Augustus (63 v. Chr.-14 n. Chr.) geborene galiläische Wanderprediger Jesus von Nazareth ist die Lichtgestalt des Christentums. Nach Überzeugung einer von dem Diakon und späteren Bischof von Alexandrien, Athanasius, angeführten Mehrheit der auf der ökumenischen Synode von Nicäa (325 n. Chr.) versammelten Oberen der seit dem Konstantinischen Toleranzedikt von Mailand (313 n. Chr.) geduldeten Christengemeinden war Jesus mit dem von ihm immer wieder angesprochenen (Gott-)Vater »wesenseins«. Nach Ansicht der auf der Synode von Nicäa überstimmten, von dem Diakon Arius angeführten Minderheit war Jesus dem Vater lediglich »wesensähnlich« – eine Auffassung, der auch Kaiser Konstantin, sein Nachfolger Konstantius und die germanischen Könige zuneigten. Langfristig durchgesetzt freilich hat sich die athanasische Version. Ihre Botschaft lässt sich zwar mit den menschlichen Erkenntnismöglichkeiten nicht ermessen; wohl aber lässt sich – so viel ist sicher – auf dieser Grundlage trefflich über (und notfalls gegen) Gläubige, Andersgläubige und Nichtgläubige geistige Macht ausüben. Und dies taten die christlichen Kirchen denn auch in all ihren Fraktionen und Sektionen mit lauteren und weniger lauteren Motiven, segensreichen und weniger segensreichen Mitteln und Folgen. Sich im Falle eines Dissenses gegenüber einer sozial und politisch abgesicherten Instanz zu behaupten, die im Namen eines Gottes spricht, war in voraufklärerischen Zeiten ein großes Wagnis und bedarf selbst nach Jahrhunderten kontinuierlicher Säkularisierung des Denkens eines gerüttelten Maßes an Seinsgewissheit und Zivilcourage – individueller kognitiver Gegenmacht also.

Dem nominellen Urheber der von den christlichen Kirchen durch die Jahrhunderte hindurch bis auf den heutigen Tag (wenn auch mit abnehmender Intensität) ausgeübten geistigen Macht lassen sich jedoch zumindest die fatalen Folgen dieser Machtausübung schwerlich zurechnen. Ausweislich der Evangelien war Jesus von Nazareth institutionalisierter Spiritualität eher abhold. Seine Botschaften waren schlicht, klar und unbequem: »Liebet Eure Feinde«[36], »Seid barmherzig«[37], »Richtet nicht, so werdet auch ihr nicht gerichtet«[38], »Gebt, so wird (auch) euch gegeben«[39] etc. In Abgrenzung zum alttestamentarischen Talionsprinzip (»Auge um Auge, Zahn um Zahn«[40]), wie es der Staat Israel in den politischen und militärischen Auseinandersetzungen mit den Palästinensern auch heute noch ständig praktiziert, propagiert Jesus von Nazareth in der sogenannten Feldpredigt nach Lukas und in der sogenannten Bergpredikt nach Matthäus ein breit aufgefächertes Liebesgebot. Während dessen Verallgemeinerung zur »goldenen Regel« der Ethik in einer passiven Variante schon in der zarathustrischen, pythagoräischen und stoischen Tradition überliefert war und ist, wurde sie von Jesus in einer aktiven Version bekräftigt und erneuert. Die erstere ist heute schon jedem Schulkind in Form des

Merkverslein »Was du nicht willst, dass man dir tu, das füg auch keinem andern zu« vertraut, die letztere finden wir in der Feldpredigt nach Lukas, in der Jesus zu seinen Jüngern sagt: »Wie ihr wollt, daß euch die Leute tun sollen, also thut ihnen gleich auch ihr«.[41]

Recht besehen ist in dieser jeden Menschen auf sich selbst verweisenden »goldenen« Wechselseitigkeitsregel all das enthalten, dessen es bedarf, um ein gedeihliches Zusammenleben der Menschen zu ermöglichen. Abgesehen vom ersten sind auch alle anderen Gebote des mosaischen Dekalogs in diesem Grundgesetz der Ethik enthalten, das sich auch in der Aufforderung »Liebe Deinen Nächsten wie Dich selbst« wiederfindet. Wie schwer es jedoch ist, ihr gerecht zu werden, wissen wir alle. Und so stellt sich denn auch die Geschichte des angeblich »christlichen Abendlandes« nicht gerade als Inkarnation dieses allgemeinen Liebesgebots dar. Ohne die Erwartung eines allumfassenden parapfingstlichen Erleuchtungsgeschehens erscheint dessen durchgängige Verwirklichung wenig wahrscheinlich. Vielleicht war es diese Erkenntnis, die die geschichtsphilosophischen Vorstellungen des kalabresischen Abts Joachim von Fiore (1145-1202) inspirierten. In seinen von der Trinitätsidee ausgehenden mystischen Visionen sah er auf das (alttestamentarische) »Reich des Vaters«, das (neutestamentarische) »Reich des Sohnes« und schließlich als Krönung des sich in der Menschheitsgeschichte vollziehenden Heilsgeschehens ein künftiges »Reich des Heiligen Geistes« entstehen[42] – jenes Heiligen Geistes, der auf dem Konzil von Konstantinopel (381 n. Chr.) nach den Festlegungen der Kirchenoberen als ›Dritter im Bunde‹ die als Wesenseinheit verstandene göttliche Dreifaltigkeit vervollständigen sollte. Nach Joachims kirchenpolitisch gewagter Lehre von den drei aufeinanderfolgenden Reichen sollte unter dem Einfluss des Heiligen Geistes die allmähliche Entinstitutionalisierung der christlichen Kirche(n) wie auch die Realisierung des allgemeinen Liebesgebots für die einzelnen Gläubigen möglich werden. Eine Botschaft dies, die von den Dienern dieser Kirche(n) mit zumindest zwiespältigen Gefühlen aufgenommen worden sein dürfte.

Joachim selbst erwartete den Anbruch seines »Dritten Reichs des Hl. Geistes« schon für das 13. Jahrhundert. Die weniger mystisch gestimmten aufklärerischen Denker des 18. Jahrhunderts (wie u. a. Gotthold Ephraim Lessing in seiner *Erziehung des Menschengeschlechts*[43]) sahen seine Vorboten im Fortschritt einer vernunftbetonten Humanität. Schon nach den blutigen Exzessen der Französischen Revolution und der Napoleonischen Kriege, spätestens aber nach den Gräuelszenarien der ideologisch entmenschten ersten Hälfte des 20. Jahrhunderts schienen sich die adventlichen Impulse weltweit zu verdichten, was u. a. in der Begründung der Vereinten Nationen und der schrittweisen Sanierung des »Friedhofs Europa« (George Sorel) zum Ausdruck kam. Heute jedoch, zu Beginn des 21. Jahrhunderts, scheint angesichts vielfacher Friedlosigkeiten außerhalb von Europas Grenzen und mannigfacher Lieblosigkeiten innerhalb seiner Grenzen die Sehnsucht nach und die Hoffnung auf ein – wenn auch säkularisiertes – Reich des Heiligen Geistes so intensiv wie eh und je zu sein. Inzwischen stellt sich aber auch heute wie eh und je einem jeden, der von Wert und

Würde des mit der goldenen Regel der Ethik identischen Gebots der Nächstenliebe überzeugt ist, das *nobile officium*, ihm auch ohne ein globales Pfingsten nach bestem Wissen und Gewissen zu genügen.

~ K ~

Konfuzius (Kungfutse) oder: Die Selbstzucht

Der sich wohl bald aus unserem Wortschatz gänzlich verabschiedende Begriff der Selbstzucht kann zu Beginn des 21. Jahrhunderts in der westlichen Welt kaum auf große Sympathie hoffen. Klingt er nicht nach mönchischer Kasteiung, preußischem Drill, körperlicher Züchtigung im Klassenzimmer und ähnlichen Selbstdisziplinierungs-, Erziehungs- und Sozialisationsmethoden unserer Altvorderen? Im Grunde sollte das Leben nach den Vorstellungen wohl der großen Mehrheit unserer Zeitgenossen möglichst locker, lässig und »cool« (dem Lieblingswort der Jugend) ablaufen. »Anything goes« lautet das Motto der Postmoderne. Sich keinen Zwang anzutun gilt gemeinhin als sinnvolle Richtlinie. Die Literatur über Erziehungs- und Sozialisationspraktiken, die in diese Richtung weisen, füllt ganze Bibliotheken. Den Begriff der Selbstzucht würde man in solchen Abhandlungen in aller Regel vergebens suchen.
Für Konfuzius (551 v. Chr.-479 v. Chr.) freilich, den wohl einflussreichsten Lehrer der sozialen und politischen Kultur

Chinas, war just *sie* die Basis von allem Erstrebenswerten. Der einem verarmten Adelsgeschlecht entstammende, unermüdlich lernende und lehrende, noch in vorgerücktem Alter in seinem Heimatstaat Lu politische Führungsaufgaben wahrnehmende und danach im Kreise seiner Schüler von Fürstenhof zu Fürstenhof ziehende Konfuzius wirkte an einer soziopolitischen und soziokulturellen Zeitenwende![44] Das Ordnungswissen, um dessen Erneuerung und Pflege er sich sein Leben lang bemühte, bezog sich auf die Blütezeit der ab dem 11. vorchristlichen Jahrhundert regierenden Chou-Dynastie und der ihr vorausgehenden Shang- und Hsia-Dynastien. Inzwischen war die Lehensverfassung dieser Dynastien samt ihres Ehrenkodex weitgehend zerfallen und es kündigte sich bereits das künftige Chaos der Zeit der »streitenden Reiche« an, das erst durch die Begründung der Han-Dynastie (206 v. Chr.-220 n. Chr.) beendet werden konnte. In der Vorahnung des sich Abzeichnenden war es das Bestreben der praktischen Philosophie Kungfutses, drohendes Unheil durch eine Ethisierung der Politik abzuwenden.

Diesem Ziel diente Konfuzius auf doppelte Weise: Zum einen durch Kompilation und Redaktion der klassischen Schriften – des Buches der Urkunden, des Buches der Lieder und später auch des Buches der Riten – und zum anderen durch die Verbreitung seiner Lehren an den von ihm besuchten Höfen und im Kreise seiner Schüler. Durch Selbstzucht sollten die von ihm propagierten Werte der Menschlichkeit, Sittlichkeit, Rechtlichkeit, Bescheidenheit, Wahrheitsliebe und des Bildungseifers gefördert werden. Sein Hauptaugenmerk richtet er dabei auf die Tugend der Fürsten, von der nach seiner Überzeugung das Schicksal ihrer Staaten und Völker abhängt. Im *Lun-Yü*[45], einer von seinen Schülern zusammengetragenen Sammlung richtungsweisender Lehren von »Meister Kung« (wie er auch genannt wurde), lässt sich dieser Zusammenhang aus einer Vielzahl von Aussagen ablesen: »Wer sich selbst regiert, was sollte der (für Schwierigkeiten) haben, bei der Regierung tätig zu sein«, heißt es da, und weiter: »Wer sich selbst nicht regieren kann, was geht den das Regieren von Anderen an?«[46] Mit anderen Worten: Wer Regieren will, aber auch Regierenden raten will, muss Selbstzucht üben können.

Das Alpha und das Omega der konfuzianischen Gesinnungs- und Verhaltensethik ist mithin die Selbstprüfung. In den Worten des Meisters: »Ich prüfe täglich dreifach mich selbst: Ob ich, für Andere sinnend, es etwa nicht aus innerstem Herzen getan; ob ich, mit Freunden verkehrend, etwa meinem Worte nicht treu war; ob ich meine Lehren etwa nicht geübt habe.«[47] Besondere Wichtigkeit spricht er der »Richtigstellung der Begriffe« zu: »Wenn die Begriffe nicht richtig sind, so stimmen die Worte nicht, stimmen die Worte nicht, so kommen die Werke nicht zustande; kommen die Werke nicht zustande, so gedeihen Moral und Kunst nicht; gedeihen Moral und Kunst nicht, so treffen die Strafen nicht; treffen die Strafen nicht, so weiß das Volk nicht, wohin Hand und Fuß setzen ... Der Edle duldet nicht, dass in seinen Worten irgendetwas in Unordnung ist. Das ist es, worauf alles ankommt.«[48] Gesellen sich Worttreue und Begriffsklarheit zu den sonstigen Tugenden eines Fürsten, so kann er auf die Macht des Vorbilds vertrauen. »Regieren«, so belehrt er einen Regenten, »heißt Recht machen. Wenn Eure Hoheit die Führung übernimmt im Rechtmachen, wer sollte es wagen, nicht recht zu sein?«[49] Ob die Wirkkraft des Vorbilds auch für weitgehend demokratisierte, liberalisierte und ethisch heterogenisierte Gesellschaften unterstellt werden kann, ist zwar anzunehmen, mag aber dahingestellt bleiben. Konfuzius jedenfalls spricht für seine Zeit und für eine stark hierarchisch geprägte Gesellschaft.

Die Macht des Vorbilds braucht sich im Übrigen nicht in zupackendem Handeln zu manifestieren. Auch für Konfuzius, der gemeinhin als der große Gegenspieler Laotses, des Propheten des Nichttuns (Wu-wei), verstanden wird[50], kann es angemessen sein, »ohne etwas zu tun (das Reich in) Ordnung« zu halten. Der von ihm beispielhaft genannte Fürst »wachte ehrfürchtig über sich selbst und wandte ernst das Gesicht nach Süden, nichts weiter.«[51] Das klingt nach taoistischem Wu-wei, steht aber hier wohl nur als vorbildliches Beispiel für die von Konfuzius geforderte Selbstzucht, für die Überzeugung, dass der Fürst, der sich selbst in Ordnung bringt, zugleich auch sein Land in Ordnung bringt. Ein grundsätzliches Bekenntnis zum Nichttun ist es nicht. Die auch bei ihm erkennbare taoistische Note liegt eher in der Erkenntnis, dass das Tao, der rechte Weg also, nur durch die Pflege der von ihm immer wieder beschworenen Tugenden, insbesondere aber durch die Achtung von Maß und Mitte erreicht werden könne, die er als »Höhepunkt menschlicher Naturanlage« apostrophiert.[52]

Das potentiell Revolutionäre an der konfuzianischen Staats-

und Sozialphilosophie ist die Konzentration auf die Gesinnung und das Verhalten der von ihm angesprochenen »Edlen«, deren Adel eben nicht mehr an ihrer Zugehörigkeit zu einer bestimmten Gesellschaftsschicht, sondern vielmehr an ihren menschlichen Qualitäten gemessen wird. Insofern ist seine Lehre auch ein Indikator für den sich in dieser Zeit ereignenden soziopolitischen Wandel – und wohl auch ein Vorgriff auf die in späteren Epochen befolgten konfuzianischen Bildungsideale. Sie sind es, die Konfuzius seine weit über den eigenen Kulturkreis hinausreichende Strahlkraft hat zuwachsen lassen.

Wer »philosophisch durchs Leben« gehen will, wird von Botschaften wie dieser kaum unberührt bleiben: »Der Edle stellt Anforderungen an sich selbst, der Gemeine an die (anderen) Menschen«[53] – Selbstzucht also als Weg zur Menschlichkeit.

~ L ~

John Locke oder : Die (bürgerliche) Freiheit

Erwähnt hat er ihn in seinen Schriften kein einziges Mal. Und doch ist unverkennbar, dass John Lockes (1632-1704) nicht nur politische Philosophie die große Antithese darstellt zum Werk seines Landsmannes Thomas Hobbes. War es dessen Ziel, den innerstaatlichen Frieden durch Begründung einer übermächtigen Ordnungsinstanz zu sichern, so vollzog Locke den – im Blick auf die menschlichen Grundbedürfnisse naheliegenden – nächsten Gedankenschritt: den Frieden durch die Freiheit der Befriedeten zu adeln nämlich. Und dies, obwohl sich sein Menschenbild nur vordergründig von dem Hobbes'schen unterscheidet und er seinem stillschweigenden Kontrahenten auch im Hinblick auf den staatsbegründenden Gesellschaftsvertrag einiges abschaut. Auch Locke weiß, dass sich Unfriede nur allzu leicht und allzu schnell einstellt, wo Menschen miteinander um die Erlangung der Güter des Lebens wetteifern. Dennoch unterscheidet sich sein Bild der verfassten Gesellschaft erheblich von dem des großen Skeptikers Hobbes. Indem er der zentralen Ordnungsinstanz die Staatsgewalt nur unter Bedingungen anvertraut, sichert er den ihr Unterworfenen einen Freiheitsraum, innerhalb dessen sie sich zu entfalten vermögen: Nach Lockes politikphilosophischem Hauptwerk, der Abhandlung *Über die Regierung* (The Second Treatise of Government[54]) von 1688/89, wird der Obrigkeit in dem den – ebenfalls nicht sehr friedlichen – Urzustand beendenden, sowohl gesellschafts- als auch staatsbegründenden Urvertrag die Oberhoheit unter Vorbehalt von Leib, Leben, Eigentum und Freiheit der Mandanten zu treuen Händen übergeben[55], ein Mandat, das den Treuhändern im Falle des Missbrauchs mit allen historisch erfahrbaren Konsequenzen bis hin zum offenen Widerstand wieder entzogen werden kann.[56]

Locke wäre nicht der in vielen Wissenschaftsgewässern fischende, empirisch-naturwissenschaftlich orientierte Mediziner und Philosoph gewesen, als der er sich in all seinen

Schriften (bis hin zu dem zeitgleich mit dem *Second Treatise of Government* erschienenen »Essay Concerning Human Understanding«[57]) erweist, wenn er es bei der Formulierung solcher politischer Zielvorstellungen hätte bewenden lassen. Was seine politische Philosophie geschichtsmächtig werden ließ, ist das System der Gewaltenteilung, das er zu deren innenpolitischer Absicherung ausformulierte. Neu war die Idee der Gewaltenteilung freilich nicht. Schon in Sparta, Rom, Venedig und anderen italienischen Republiken der Renaissance wurde sie in dieser oder jener Weise praktiziert und in den Schriften mancher Renaissance-Autoren (wie Giannotti, Guiccardini, Contarini, Paruta und dem Machiavell der *Discorsi*, aber auch seines Zeitgenossen James Harrington[58]) kommentiert und propagiert. In Lockes Abhandlung *Über die Regierung* jedoch wird sie in eine für die politische Wirklichkeit Englands praktisch umsetzbare Form gebracht. Diese politische Wirklichkeit Englands aber sollte – nicht zuletzt durch die publizistische Vermittlung von Montesqiueus Werk *Der Geist der Gesetze* (De l'esprit des lois[59]) von 1748 – auf dem europäischen Festland und insbesondere durch die publizistische Vermittlung der *Federalist Papers* im Verfassungsprozess der Vereinigten Staaten von Amerika zur Wirkung kommen und von dort aus nach und nach in die ganze westliche Welt ausstrahlen. Das den Kern der Locke'schen Gewaltenteilungslehre ausmachende Mit-, In- und Gegeneinander der Gewaltentrias von Legislative, Exekutive und Judikative[60] und das schon in James Harringtons Werk *Oceana* von 1656 propagierte, durch dieses Konzept der Gewaltenbalance abgesicherte *government of laws and not of men* wird so zu einem markanten Meilenstein der europäischen Verfassungsgeschichte.

Auch ein weiterer Meilenstein der heutigen Zivilgesellschaft erfuhr nicht zuletzt durch John Locke wenn nicht seine praktische, so doch seine theoretische Grundlegung. Indem er das Eigentum durch die ihr zugrunde liegende Arbeit legitimierte, schuf er eine ethische Grundlage für die Eigentums- und Erwerbsgesellschaft, die zumindest im angelsächsischen Kulturraum zudem noch durch die calvinistische Prädestinationslehre überhöht werden konnte.[61] Nicht zuletzt diese Betonung der Arbeit als Legitimationsgrundlage dürfte für die Erfolgsgeschichte der Locke'schen Sozialphilosophie mit verantwortlich gewesen sein.

Dass John Locke zu den großen Wegbereitern der liberalen Demokratie und damit auch unserer freiheitlich-demokratischen Grundordnung geworden ist, steht außer Frage. Und lediglich dem Umstand seiner frühen Geburt dürfte zuzurechnen sein, dass die für die tatsächliche Wertigkeit der bürgerlichen Freiheit ebenfalls bedeutsame soziale Komponente unserer heutigen Verfassungsordnungen für ihn noch keine Rolle spielte. Erst die sozialen Folgen der im 19. Jahrhundert zur vollen Auswirkung kommenden industriellen Revolution haben diesen Aspekt in den Vordergrund des soziopolitischen Denkens gerückt. Und wie wir inzwischen aufgrund vielfacher Erfahrungen wissen, lässt sich die bürgerliche Freiheit auch nicht allein durch die Aufrechterhaltung und Pflege des Gewaltenteilungskonzepts und des Prinzips der Herrschaft der Gesetze sowie der Garantie von

Grundrechten sicherstellen, sondern bedarf auch – im Verein mit der Vierten Gewalt der Medien – ständiger Wachsamkeit und ständigen bürgerschaftlichen Engagements, um diese Errungenschaften zu sichern und stets aufs Neue wirkkräftig zu erhalten. Immerhin lässt sich im Blick auf die Entwicklung der europäischen Verfassungsgeschichte und insbesondere auch im Blick auf die barbarischen Rückfälle der politischen Kultur in der ersten Hälfte des 20. Jahrhunderts, nicht zuletzt aber auch im Blick auf zahlreiche Regime jenseits unserer Grenzen konstatieren, dass zumindest im euroamerikanischen Kulturkreis ein vergleichsweise hohes Maß an bürgerlicher Freiheit erreicht wurde. Wie wertvoll dies ist, wissen zumindest all jene, die Europa heute als Fluchtburg betrachten, weil sie in ihrer Heimat nicht mehr in Frieden und Freiheit leben können.

Dies festzustellen heißt freilich nicht, zu glauben, dass mit einem vergleichsweise hohen Maß an bürgerlicher Freiheit und einem – nicht zuletzt hierdurch ermöglichten – hinreichenden Ein- und Auskommen schon alles Lebenswichtige erreicht sei. Gerade in Gesellschaften, die im Hinblick auf ihren politischen, sozialen und ökonomischen Status als glücklich gepriesen werden, scheint es besonders viele Menschen zu geben, die mit dieser bürgerlichen Freiheit nichts Rechtes anzufangen wissen und deshalb eines hohen Maßes an psycho- und sozialtherapeutischer Betreuung bedürfen, um nicht Schiffbruch zu erleiden. Dies freilich war noch nicht Lockes Problem und konnte es auch noch nicht sein. Jede Epoche stellt den in ihr Lebenden (und zumal ihren zukunftsweisenden Vordenkern) spezifische

Aufgaben, die zu lösen sind, um im hier vorausgesetzten konstruktiv-positiven Sinn »philosophisch durchs Leben« zu kommen.

~M~

Niccolò Machiavelli oder: Der (Weg zum) Erfolg

Der Name des ehemaligen Staatssekretärs der Republik Florenz steht für Verruchtheit in der Politik. Seit nun bald 500 Jahren arbeiten sich Autoren immer wieder an dem – 1532 erstmals erschienenen – Fürstenspiegel des Florentiners Niccolò Macchiavelli (1469-1529) ab.[62] Selbst Friedrich der Große verfasste als Kronprinz einen »Antimachiavell«[63], befolgte später als preußischer König dann aber getreulich zahlreiche Empfehlungen aus dem *Principe.* Heute muss dieses berühmteste Werk des Schwerenöters sogar zur Managerausbildung herhalten. Und dies keineswegs von ungefähr. Ganz unabhängig von den patriotischen Zielen nämlich, die Machiavelli seinem »Fürsten« ans Herz legen wollte[64], geht es in diesem Werk des Renaissance-Denkers um das, was nottut, wenn man die Dinge im Griff behalten und dem ins Auge gefassten Ziel auf erfolgversprechende Weise dienstbar machen will. Mit anderen Worten: Es geht um den Weg und die Wege zum Erfolg. Erfolg aber kann viele Gesichter haben und viele Namen tragen. Alle Menschen wollen in dieser oder jener Weise Erfolg haben, wollen die Angelegenheiten, die sie sich vorgenommen haben, zu einem guten Ende bringen. Es kann deshalb auch sinnvoll sein, die zentralen Botschaften von Machiavellis *Principe* aus ihrem zeitspezifischen Zusammenhang zu lösen und sich auf den strukturellen Kern der Empfehlungen zu konzentrieren, die seinem Fürsten zum Erfolg verhelfen sollen. Einem jeden Empfänger dieser Botschaften mag es mithin unbenommen bleiben, in das Gewand des von Machiavelli beratenen Fürsten zu schlüpfen – ganz so, wie auch die Empfänger der konfuzianischen und der konfuzianisch beeinflussten Botschaften sich in der Rolle der dort angesprochenen »Edlen« sehen mögen.

Unter diesem Blickwinkel ohne Belang ist der in der wissenschaftlichen Sekundärliteratur so viel diskutierte »anthropologische Pessimismus« des Florentiners. Ob Machiavellis Menschenbild wirklich so negativ ist, wie viele Autoren behaupten, ist umstritten und mag dahingestellt bleiben. Unstreitig sind jedoch die in Machiavellis Schrift über den Fürsten genannten Erfolgsfaktoren.

Unverkennbar ist, dass sich alle Menschen in einer schicksalhaft vorgegebenen Ausgangslage befinden, die von zahlreichen Rahmenbedingungen bestimmt sein mag – von den genetischen Erbanlagen, von der soziokulturellen Verortung der Herkunftsfamilien und (zumindest nach Überzeugung der esoterisch Inspirierten) vielleicht auch von astrologischen und karmischen Vorprägungen. Die *fortuna* spielt mithin auch nach Machiavellis Überzeugung eine wichtige Rolle im menschlichen Leben. Wie wichtig diese Rolle jedoch ist oder wird, hängt davon ab, inwieweit sich der Einzelne von ihr zu emanzipieren oder sie sich sogar dienstbar zu machen versteht. Von zentraler Bedeutung hierfür ist seine Fähigkeit, die jedem Menschen in größerem oder geringerem Maße eingeborene Lebens-, Erkenntnis- und Tatkraft (*virtù*) zu entwickeln und zur Meisterung des Schicksals einzusetzen. Je intensiver ihm dies gelingt, desto größer sind auch seine Aussichten, die aus einer je und je wahrgenommenen Notwendigkeit (*necessità*) ins Auge gefassten Ziele zu erreichen.

Zielführend ist der Einsatz der *virtù* für den Zielstrebigen vor allem dann und insoweit, als er die Zeitumstände (*qualità dei tempi*) bei seiner Wegführung beachtet und dabei jede günstige Gelegenheit (*occasione*) zu erkennen und in raschem Zugriff zu nutzen weiß. *Virtù* und *fortuna* stehen also zueinander im Verhältnis kommunizierender Röhren. Je geringer die einem Menschen zur Verfügung stehende Wahrnehmungs-, Willens- und Tatkraft, desto ungebremster das Walten des Schicksals, das dann zu einem ihn mit sich reißenden Strom werden kann.[65] Je stärker die ihm zur Verfügung stehende und eingesetzte *virtù*, desto wirksamer werden die von ihr errichteten Ufermauern, Dämme und Wehre den Strom der *fortuna* in seinem Flussbett halten. Was Machiavelli übersieht, zumindest aber nicht erwähnt, ist die Einsicht, dass auch das Maß der einem Menschen eignenden *virtù* von den erwähnten schicksalhaften Ausgangsfaktoren bestimmt oder doch beeinflusst sein mag – davon also, ob ihm nach dem platonischen Mythos der drei Metalle Gold, Silber oder Eisen in die Wiege gelegt wurde, sowie auch davon, wo diese Wiege stand. Diese »Morgengaben«

sind fürs Erste hinzunehmen. Daraus das Bestmögliche zu machen ist jedem Menschen aufgegeben. Die erwähnte Einsicht ändert daher auch nichts an dem für diese Bemühung und damit an dem für jedweden Erfolgsweg entscheidenden Zusammenspiel der genannten Erfolgsfaktoren.
Auf den ersten Blick könnte man vielleicht geneigt sein, anzunehmen, dass Machiavellis Erfolgsrezept zu dem von Laotse im Tao-te-King gegebenen diametral entgegengesetzt sei. Dies braucht aber keineswegs (stets) der Fall zu sein. Der wahrhaft *Virtù*-Begabte wird die jeweiligen Zeichen der Zeit zu lesen wissen, wird wissen, wann es Zeit ist, tatkräftig zuzupacken oder aber den Dingen ihren Lauf zu lassen.

~N~

Friedrich Nietzsche oder: Moral und Übermoral

Nach einer althergebrachten Wetterregel verheißt ein kräftiges Morgenrot selten schönes Wetter für den anbrechenden Tag. Wer mag, könnte auch eine zu seinem Spätwerk zählende Schrift Nietzsches als dieser Regel entsprechendes Vorzeichen sehen. Schärfer nämlich und bitterer als in den unter dem Titel *Morgenröte* aphoristisch präsentierten *Gedanken über moralische Vorurteil(e)* von 1881 lässt sich die Kritik an den Moralvorstellungen seiner Zeitgenossen schwerlich formulieren.[66] Wenn Aufklärung mit dem Max Weber'schen Begriff der »Entzauberung der Welt«[67] gleichgesetzt werden kann, so markiert nicht zuletzt dieses Werk des protestantischen Pastorensohns, Altphilologen und Kulturphilosophen Friedrich Nietzsche (1844-1900) einen Höhepunkt der Entzauberungsdynamik. Rhetorisch auf dem Prüfstand (oder besser: am Pranger) steht die lediglich »Erfahrungen früherer Menschen über das vermeintlich Nützliche« bündelnde Sitte, die noch durch die sich »auf das Alter, die Heiligkeit und die Indiskutabilität der Sitte« beziehende »Sittlichkeit« überhöht wird.[68] War schon diese Begriffsbestimmung vielen Zeitgenossen suspekt, so waren es Sätze wie der folgende, jedwede Transzendenz leugnende, der Nietzsche zum philosophisch-theologischen Todfeind aller von ihm als »Hinterweltler«[69] Geschmähten werden ließ: »Wie hoch die Menschheit sich entwickelt haben möge – und vielleicht wird sie am Ende gar höher als am Anfang stehen! – es gibt für sie keinen Übergang in eine höhere Ordnung, so wenig die Ameise und der Ohrwurm am Ende ihrer ›Erdenbahn‹ zur Gottverwandtschaft und Ewigkeit emporsteigen ... Fort mit solchen Sentimentalitäten!«[70]

Dies klingt entschieden und eindeutig. Ist es dies aber auch? Ganz unabhängig von den Erkenntnismotiven des lebenslang am Zwiespalt von Kunst und Wissenschaft, von apollinischem und dionysischem Genius und Gestus Leidenden, bei denen wohl auch die postpubertäre Auflehnung wider die Traditionen und Indoktrinationen des Elternhauses und die Forschungsergebnisse Darwins eine nicht unerhebliche Rolle gespielt haben dürften[71], birgt Nietzsches reiches kulturgeschichtliches und kulturphilosophisches Œuvre doch auch Impulse, die in eine ganz andere Richtung weisen. So etwa die an Rilkes »um Gott, den uralten Turm«[72] kreisenden Falken erinnernden Verse aus der *Fröhlichen Wissenschaft*, die gleichsam einen Ewigkeitston anschlagen:

Ecce homo.
Ja! Ich weiß, woher ich stamme!
Ungesättigt gleich der Flamme
Glühe und verzehr ich mich.
Licht wird alles, was ich fasse
Kohle alles, was ich lasse:
Flamme bin ich sicherlich.[73]

Wonach aber verzehrt sich diese Flamme? Und vor allem: Wie könnte eine gewissermaßen säkularisierte Himmelsleiter[74] des so betont Diesseitigen aussehen? Jedenfalls nicht so, wie sie den »Hinterweltlern« jedweder Spielart erscheinen könnte, von denen er sich deutlich genug abgrenzt: »Zerbrecht mir, ihr Brüder, diese alten Tafeln der Frommen. Zersprecht mir die Sprüche der Welt-Verleumder«, lässt er seinen Zarathustra sagen[75], dessen Namensgleichheit mit dem altiranischen Religionsstifter einer zwar nicht zufälligen, vielmehr eher sozialästhetisch motivierten Beschwörung einer altehrwürdigen Philosophengestalt geschuldet ist als inhaltlichen Anleihen an dessen Lehre.
Wer Nietzsche gerecht werden will, muss beim Nachvollzug seiner Gedankensprünge stets auch selbst auf dem Sprung sein. Und dies nicht zuletzt, wer den Spuren des seine »Höhle« im Gebirge verlassenden und sein »Feuer in die Täler« tragenden »erwachten« Zarathustra folgt.[76]

Dieser nämlich übt sich mit geistesaristokratischer Gebärde in der Kunst des »Vorübergehens« – des Vorübergehens nicht nur am große(n) Abraum und Abschaum der Stadt, wo »große Gedanken lebendig gesotten und klein gekocht werden und alle großen Gefühle (verwesen)«[77], sondern insbesondere am »letzten Menschen«, an den »kleinen Leute(n)« und den »kleinen Tugenden«, den »kleinen Klugheiten«, den »Sandkorn-Rücksichten«, dem »Ameisen-Kribbelkram«, dem »erbärmlichen Behagen«, dem »Glück der Meisten«.[78] Da »Gott starb«, wird der Weg frei zum »höhere(n) Mensch(en)« oder »Übermenschen«[79], auf den hin sich Nietzsches leidenschaftlicher Gestus richtet. Gerade im rhetorischen Ringen um das Profil des »Übermenschen« zeigt sich allerdings auch die ganze Widersprüchlichkeit von Nietzsches philosophischer Ethik, die Dauerspannung zwischen den in ihm wirkenden apollinischen und dionysischen Impulsen. Einerseits wendet er sich angeekelt ab von der Kleinkrämerei einer herkömmlichen Nützlichkeitsmoral von zweifelhafter Wahrhaftigkeit. Andererseits mahnt Zarathustra, »dorthin zu gehen, wo schon eurer Väter Tugend ging«.[80] Wie immer man diese Tugend der Väter auch sehen mag – Nietzsches eigenem Streben nach einer Art von Übermoral kann man wohl nur dann gerecht werden, wenn man die zur Nachahmung empfohlene Tugend als eine solche von heroischem Zuschnitt versteht. Als eine Tugend also, bei der bereits ein großer Wille am Werk war, jener Qualität also, deren Wertschätzung Nietzsche mit dem – ihm insoweit zum Vorbild gewordenen – Zeitgenossen Schopenhauer teilt.[81] Zugleich aber warnt er:

»Wollt nichts über euer Vermögen«[82], (aber steht zu eurem Willen). »Er ist euer Nächster«.[83]

Die Antwort auf die naheliegende Frage, ob bzw. inwieweit Nietzsches Wille über sein Vermögen hinausging, hängt davon ab, was man sich unter dem von Zarathustra geforderten »höheren Menschen« vorzustellen hat. Zwar erfährt man, wie er *nicht* sein soll (wie der eine schale und verlogene Moral lebende »Hinterweltler« nämlich), genauere Verhaltensempfehlungen für den Weg zum Untergang und Übergang des verachteten »letzten Menschen« unserer Zeit zum ersehnten Übermenschen aber, lassen sich Zarathustras flammenden Reden allenfalls andeutungsweise entnehmen. Wer sich mithin von Nietzsches bald resignativem, bald aggressivem Pathos angesprochen fühlt und auch den aristokratischen Grundton zu schätzen weiß, mag sich im Windschatten des parareligiösen und himmelstürmenden Impetus Zarathustras seinen eigenen Weg zu einer Nietzsches »großen Mittag« markierenden Übermoral der nicht »für lange Ohren« bestimmten »feinen fernen Dinge«[84] suchen. Wer weder Zarathustras »wilde Weisheit« noch seinen Gestus nachzuvollziehen vermag – und trotz der vielfältigen und widersprüchlichen Wirkung, die Nietzsches Kulturphilosophie auf Moderne und Postmoderne ausgeübt hat, sind dies nicht Wenige –, wird sich weiterhin so an die »Tugend der Väter« halten müssen, wie er sie eben versteht.

O

William Occam oder: Die (Be)Greifbarkeit des Realen

Sein Zufluchtsort hat dem aus England stammenden Wahlmünchner eine Straße gewidmet. Und dies nicht von ungefähr. Der dem Franziskanerorden angehörende, nach seinem dortigen Studium in Oxford lehrende Philosoph und Theologe William Occam (ca. 1285-1349) wurde der Ketzerei beschuldigt und in der damaligen päpstlichen Residenz Avignon einem Häresieprozess unterworfen. Im Jahre 1328 floh er aus Avignon an den Münchner Hof Kaiser Ludwigs des Bayern (1314-1347), um diesen – im Verbund mit Marsilius von Padua (1273-1347) – in dessen Kampf gegen den Suprematsanspruch von Papst Johannes XXII. zu unterstützen.
Im Gegensatz zu Marsilius liegt die historische Bedeutung des Engländers jedoch nicht im Feld der politischen Theorie, sondern vielmehr im Bereich der Erkenntnistheorie. Occam gilt als philosophischer Begründer des neuzeitlichen Nominalismus. Entwickelt wurde dieser in der erkenntnistheoretischen Auseinandersetzung mit dem für das mittelalterliche Denken grundlegenden philosophischen Realismus.[85] Für den auf der platonischen Ideenlehre basierenden Realismus waren die in Allgemeinbegriffe (lat. *Universalia*) gefassten geistigen Wesenheiten das eigentliche Reale, die sinnlich wahrnehmbaren Dinge, Zustände und Vorgänge (lat. *Res*) jedoch lediglich Ausgliederungen dieser imaginä-

ren Realitäten. Die gängige Formel, in die diese erkenntnistheoretische Vorstellung eingeschmolzen war, lautete mithin *Universalia ante res* (vor den Dingen) oder auch *in rebus* (in den Dingen).

Dass der philosophische Realismus dem – zumindest formal – theozentrischen Weltbild des Mittelalters mit seinen mannigfachen jenseitsbezogenen Symbolismen und diesseitsbezogenen Imperialismen eine adäquate erkenntnistheoretische Grundlage bot, ist unverkennbar. Und unverkennbar ist auch, dass jede Infragestellung dieser Basis zugleich auch eine Relativierung des ihr entsprechenden Weltbildes bedeuten musste. Eine derartige Infragestellung war schon durch den Franzosen Johannes Roscelinus (1050-1124) eingeleitet worden, der den *universalia* nur mehr den Rang von *voces* (›Stimmen‹ oder ›Worten‹ also) zuerkannt hatte – eine erkenntnistheoretische These, die dann von seinem Schüler Pierre Abaelard (1079-1142) mit der Gleichsetzung von *universalia* und *sermones* (›Reden‹) fortgeführt wurde. Während jedoch Abaelard seine Leugnung des ›realen‹ Charakters der Allgemeinbegriffe noch in eine – wenn auch nur vage – Beziehung zum platonischen Idealismus zu setzen versuchte, fand die Abkehr von der Annahme einer vom Denken und Sprechen unabhängigen Existenz der Universalien in den Schriften William Occams ihre konsequenteste Ausprägung. Mit der alleinigen Anerkennung des individuellen Seins als eines real gegebenen war dem Realismus ein unversöhnlicher Widerpart entstanden, war ein philosophischer Keil in die Geschlossenheit der mittelalterlichen Welt getrieben. Wo den Universalien nur mehr der Charakter von Benennungen (*nomina*) zuerkannt wurde, mussten die Ganzheitsvorstellungen des Ordo-Denkens brüchig werden. Der im (danach benannten) »Nominalismus« angelegten Betonung des Individuell-Singulären kam dabei eine nicht minder große Sprengkraft zu als der bei Occam strikt vollzogenen Trennung von Wissen und Glauben. Im Verein mit der von dem – ebenfalls in Oxford lehrenden – Franziskaner Duns Scotus (1266-1308) betonten Aufwertung des Willensmomentes eröffnet sie den Weg zur Säkularisierung des Mittelalters. Mit dem (wenn nicht ausdrücklich, so doch der Substanz nach vollzogenen) Rückgriff auf vorsokratische Positionen der griechischen Aufklärung lassen sich Nominalismus und Voluntarismus als Wirkkräfte der Renaissance und mit ihrer Betonung des Singulären und des individuell Wünsch- und Machbaren als Wirkkräfte eines zukunftsweisenden Humanismus deuten. Ihre Signalwirkung war weithin spürbar. Die mit der Kritik der apriorischen Philosophie verbundene Absage an Dogmatismen jeglicher Provenienz und Prägung wurde zu einem Leitbild des heraufziehenden, mit seinen Hauptimpulsen bis in die Gegenwart fortwirkenden Zeitalters.

Der nominalistische Zugriff auf die Welt, ihre Greifbarkeit und Begreifbarkeit, ist uns Heutigen zur Grundbefindlichkeit unserer Existenz geworden. Selbstverständlich ist dies nicht. Es bedarf auch nicht unbedingt eines achselzuckenden Hinweises auf die postmoderne Grundhaltung des weithin praktizierten und akzeptierten *anything goes*, um sich wieder Perspektiven des (sprachlich so offenkundig missverständlichen) platonischen Realismus zuzuwenden.

P

Pythagoras oder: Die Eintracht

Nicht nur »Ägyptens König«, sondern auch den auf der griechischen Insel Samos geborenen Philosophen Pythagoras (ca. 579 v. Chr.-ca. 497 v. Chr.) packte in der Nähe jenes Tyrannen »das Grausen«, der in Friedrich Schillers Gedicht *Der Ring des Polykrates* selbstzufrieden »auf seines Daches Zinnen / ...mit vergnügten Sinnen / auf das beherrschte Samos hin« blickte.[86] Im Jahre 432 v. Chr. floh Pythagoras nach Unteritalien und begründete in Kroton eine ordensähnlich verfasste, der Pflege von Wissenschaft, Ethik und Lebensform gewidmete Schule, deren Einfluss rasch wuchs und sich allmählich auch auf dem griechischen Festland bemerkbar machte. Nach zeitweiser politischer Verfolgung (die Pythagoräer neigten der aristokratischen, nicht aber der siegreichen demokratischen Politikströmung zu) fand die Schule in Metapont einen neuen Wirkort. Halten konnte sie sich nach dem Tod ihres Gründers in Unteritalien noch bis zum Ende des vierten vorchristlichen Jahrhunderts.

Das wissenschaftliche Interesse von Pythagoras und seinen Schülern galt der Welt der Zahlen. Der Urgrund des Seins liegt für ihn nicht im Bereich des Stofflichen, sondern vielmehr im Bereich des Numerischen und Proportionalen. Kennzeichnend für die Natur der Dinge sind die sie bestimmenden Zahlenverhältnisse sowie ihre Begrenztheiten und Unbegrenztheiten, die auch im Wesen der geraden und der ungeraden Zahlen zum Ausdruck kommen. Sein Bild vom Kosmos – ein Begriff, der wohl erstmals bei Pythagoras in Erscheinung tritt[87] – ist ein Bild der Ordnung, der Gesetzmäßigkeit und der Harmonie. In der den Menschen umgebenden Natur wird dieses Bild insbesondere durch die Bewegung der Himmelskörper charakterisiert. Die Bewegung der Gestirne vollzieht sich nach numerisch bestimmbaren Gesetzlichkeiten – einer Art von »Sphärenharmonie«, die auch in der Musik zum Ausdruck kommt oder doch zum Ausdruck kommen kann. Die bereits als Kugel gesehene Erde bewegt sich mit neun Himmelskörpern um ein (*Hestia* genanntes) Urfeuer, womit zumindest ein Tor zum Erkenntnisweg Keplers und Galileis aufgestoßen wurde.[88]

Die mathematischen Entdeckungen von Pythagoras – insbesondere der heute jedem Schulkind vermittelte – »Satz des Pythagoras« waren nach neueren Erkenntnissen im Ansatz schon früher bekannt, sind aber in unserem Zusammenhang auch nicht von Bedeutung. Dasselbe gilt auch für die Tatsache, dass Pythagoras in seinem Bestreben, das Wesen aller Dinge bestimmten Zahlenverhältnissen zu unterwerfen, zuweilen auf Abwege geriet. So etwa, wenn er – nur um die ihm heilige Zahl 10 im Hinblick auf die Himmelskörper vollzumachen[89] – die Existenz einer für uns unverzichtbaren Gegenerde annimmt, die sich ebenfalls um das Urfeuer bewegt, oder wenn er etwa auch Nichtstoffliches wie die Idee der Gerechtigkeit oder den Begriff der Seele numerisch zu bestimmen versucht.

Geprägt werden die physikalischen Erkenntnisse und Spekulationen von Pythagoras auch jenseits solcher Verstiegenheiten von der sein ganzes Denken durchziehenden Vorstellung einer zahlenmäßig erfassbaren Ausgewogenheit und Stimmigkeit, die sich – gleich den Rilke'schen Lebensringen aus dem *Stundenbuch* – »über die Dinge zieh'n«.[90] Was der deutsche Theologe und Philosoph Nikolaus von Kues (1401-1464) später als zentrale Eigenschaft Gottes benannte, die Versöhnung aller Gegensätze im Unendlichen zu sein nämlich, wurde von Pythagoras der Natur des Kosmos zugesprochen. Wie Pythagoras versuchte auch der 2000 Jahre später wirkende christliche Kirchenfürst die von ihm als göttliche Qualität postulierte *coincidentia oppositorum* als mathematische Möglichkeit zu belegen, was dann in seinen Bemühungen um eine Quadratur des Kreises mündete.

Den astronomischen und sonstigen physikalischen Vorstellungen von Pythagoras und seinen Schülern entsprechen auch ihre sozialethischen. In deren Blick- und Zielfeld steht die Rückführung jeglicher Zwietracht zur Eintracht. Ein pythagoräischer Kernsatz lautet: »Die unselige, schädigende Zwietracht, sie soll man nicht vertiefen, sondern was man nicht ausgleichen kann, soll man fliehen«.[91] Ein Schwerpunkt der pythagoräischen Lehre liegt daher auch bei der Lebensform der ihr folgenden Bünde, in denen – wie in vielen späteren klösterlichen Gemeinschaften – ein striktes Gehorsams- und ein weitgehendes Schweigegebot herrschte, denen aber auch ganz allgemeine Verhaltensrichtlinien (wie die folgenden) verordnet wurden:

Es ist erforderlich, nicht nachlässig
mit der Gesundheit des Körpers zu sein,
sondern Maß zu halten,
sowohl im Trinken und Essen,
als auch in Übungen des Körpers.
Maßhalten in allem ist das Beste.[92]

Da Pythagoras selbst nichts Schriftliches hinterließ, ist man auf die Berichte seiner Schüler und seiner Zeitgenossen angewiesen. Nach deren Überlieferungen lebten die Pythagoräer tendenziell asketisch, tranken keinen Wein und begnügten sich in der Regel mit Wasser, Gerstenbrot, getrockneten Feigen, Oliven und Käse.[93] Ihre strikte Ablehnung des Verzehrs von (dicken) Bohnen könnte gestaltpsychologische Gründe gehabt haben.
Von besonderer Bedeutung war das pythagoräische Gebot, mit den (als artverwandt erklärten) Tieren Freundschaft zu pflegen, sie nicht auszubeuten und zu verletzen, geschweige denn sie zu töten und zu verzehren.[94] Der strikte Vegetarismus dürfte sich nicht zuletzt als eine »hermetische« Auswirkung der pythagoräischen Astronomie erklären lassen, in deren Mittelpunkt das harmonische In-mit-und-Gegeneinander der kosmischen Sphären steht. Allerdings besteht insoweit auch ein Zusammenhang zwischen der pythagoräischen Diätetik und der pythagoräischen Metaphysik. Wie die Orphiker glaubten auch die Pythagoräer an eine Dialektik von diesseitiger Schuld und jenseitigem Sühnungs- und Läuterungszwang sowie an die Seelenwanderung als Vollzugsprozess dieser Dialektik.[95] Damit lässt sich auch die

Rücksicht auf alle beseelten Lebewesen unschwer erklären, zumal die Wiederverkörperung unter diesem Blickwinkel nicht nur in Menschen, sondern auch in Tieren erfolgen kann. Ob die Vision einer Seelenwanderung auf dem Weg der Kulturosmose aus Indien nach Griechenland kam, muss offenbleiben. Gewiss aber ist, dass der als Urheber eines Großteils der archaischen Kosmogonie und Theogonie geltende sagenhafte thrakische Sänger Orpheus sowohl die Seelenwanderung als auch den Vegetarismus vertrat.[96] In den *Fröschen* von Aristophanes heißt es: »Orpheus hat uns die Weihen gelehrt und Blutvergießens Enthaltung«.[97] Wer Tiere, Bäume und Steine zu bezaubern vermochte, selbst die Hüter der Unterwelt mit dem Schmelz seiner Lieder zu besänftigen wusste (wie der Mythos von Orpheus und Eurydike berichtet), kann als Großfürst eines harmonischen Miteinander gelten, dessen Ausstrahlung in alle Lebensbereiche hinein wirkt.

Wie sich in der legendär und mythisch überformten Gestalt des thrakischen Sängers Orpheus die Sehnsucht nach Harmonie verkörpert hat, so dürfte sie auch in der pythagoräischen Harmonielehre fortbestehen. Ihre sozialethische Transformation zum Gebot, aus Zwietracht Eintracht zu entwickeln, entspricht einem uralten Menschheitstraum – einem Traum, dessen Schwererfüllbarkeit die großen Religionen in welterlösende Endzeitvorstellungen flüchten ließ und jedem einzelnen Menschen zur lebenslag und Tag für Tag aufs Neue gestellten Aufgabe wird.

Q

Salvatore Quasimodo oder: Von der Einsamkeit und der Kürze des menschlichen Lebens

Im Jahre 1944, gegen Ende des Zweiten Weltkrieges also, erschien ein Gedichtband des aus Sizilien stammenden, späteren (1959) Nobelpreisträgers für Literatur, Salvatore Quasimodo (1901-1968), mit dem durchaus zeitgerechten Titel *Ed è subito sera* (Und gleich ist es Abend). Quasimodo, der in seinen frühen Werken – im Verein mit Giuseppe Ungaretti und Eugenio Montale – als ein Großmeister der mythologisch bis magisch verschlüsselten »hermetischen« Lyrik galt, fand in seiner späteren Poesie zu einer einfachen Sprache von großer Eindringlichkeit. So auch im Leitpoem zu dem genannten Gedichtband:

> Ognuno sta solo sul cuor delle terra
> Trafitto da un raggio di sole:
> ed è subito sera.
>
> (Ein Jeder steht allein auf dem Herzen der Erde,
> durchbohrt von einem Sonnenstrahl:
> und gleich ist es Abend.)[98]

Auf äußerst schlichte Weise werden der *conditio humana* drei Grundbefindlichkeiten unterstellt – die Einsamkeit und die Kürze des menschlichen Lebens sowie das einem jeden menschlichen Wesen schicksalhaft zugemessene Maß an Licht und Wärme. Ins Auge springt dabei nicht nur der – vielleicht von den Zeitumständen beeinflusste – elegische Grundton der Aussage, sondern auch ihre Verallgemeinerung. Stünde da nicht das »Ognuno« (ein Jeder), könnte man sie als Spiegelung der persönlichen Gefühlslage des Dichters einordnen. So aber lädt sie zum philosophischen Diskurs ein. Und dieser Diskurs ist schon sehr alt.

Dass jedes Schicksal ein höchstpersönliches ist, bleibt unabweisbar. Durch genetische Konstitution, karmische und astrologische Konstellation, zeit-, schicht- und familienspezifische Sozialisation sowie weitere mehr oder weniger persönlichkeitsabhängige Faktoren wird es weithin vorgeprägt. Das Selbstverständnis und Lebensgefühl der Menschen wird daher trotz ähnlicher äußerer Lebensumstände vielfach sehr unterschiedlich ausfallen. Während sich das Gefühl existentieller Einsamkeit bei manchen Menschen schon während der Pubertät und erst recht dann in späteren Lebenskrisen oder nach Partnerverlust im Alter bemerkbar macht, kommt es anderen, vielleicht besonders familien-, freundschafts- oder gesellschaftsbezogenen Menschen (zumal im Schoß entsprechend geprägter Sozialkulturen) nur selten oder überhaupt nie zum Bewusstsein. Hinzu kommt, dass häufiges Alleinsein von nicht wenigen Menschen sogar als erholsame Wohltat empfunden wird. Und dies umso mehr, wenn sie zu den von ihren Mitmenschen zutiefst Enttäuschten oder gar zu jenen besonders kontemplativ und meditativ Veranlagten gehören, für die das All-ein-Sein, das sich mit dem All-verschmolzen-Fühlen also, zum religiösen Erlebnis wird, wie dies sowohl in der morgen- als auch in der abendländischen Mystik weithin der Fall war. Deren Bewusstseinslage wäre der elegische Grundton des Gedichtes eher fremd gewesen. Dem sich in die Allgegenwart des Universums oder seines Gottes versenkenden Mystiker oder auch nur auf dem Weg zu ihm wissenden, durch die Zeit pilgernden *Homo Viator* des Mittelalters wurde weder die Einsamkeit noch die Kürze des Lebens zum Problem. Hinweise auf die Kürze des Lebens und die rechte Nutzung der Lebenszeit gibt immerhin Psalm 90,10 des Neuen Testaments, wo es (in der bereinigten Luther-Übersetzung) heißt: »Unser Leben währet siebzig Jahre, und wenn's hoch kommt sind es achtzig Jahre, und wenn's köstlich gewesen ist, so ist es Müh und Arbeit gewesen; denn es fährt schnell dahin als flögen wir davon.« Jenseits aller sozialen Verflechtungen wusste sich der mittelalterliche Mensch jedoch in steter Gesellschaft eines unabsehbar langen, himmelwärts orientierten Pilgerzuges, der im Grunde keine mentale Einsamkeit und auch kein banges Starren auf die Kürze des Lebens aufkommen ließ.

So ist denn das Thema Einsamkeit wenn nicht ausschließlich, so doch in erster Linie ein neuzeitliches Thema. Für die Segnungen politischer, sozialer und geistiger Freiheit hatte der den *Homo Viator* ablösende *Homo Faber* einen hohen Preis zu zahlen – den Preis der Entbergung aus Geborgenheiten und Bindungen vielfältiger Art, die nach Nietzsches »Gott ist tot«-Parole[99] noch weitere »existentialistische« Steigerungen erfahren sollte. Der auf seine bloße Individualität geworfene Skeptiker, Agnostiker oder Atheist der Moderne steht tatsächlich in jenem Regen der Einsamkeit, vor dem Rilke in seinem *Buch der Bilder* singt:

Die Einsamkeit ist wie ein Regen.
Sie steigt vom Meer den Abenden entgegen;
von Gegenden, die fern sind und entlegen
geht sie zum Himmel, der sie immer hat,

Regnet hernieder in den Zwitterstunden,
wenn sich nach Morgen wenden alle Gassen
und wenn die Leiber, welche nichts gefunden,
enttäuscht und traurig voneinander lassen:
und wenn die Menschen, die einander hassen,
in *einem* Bett zusammen schlafen müssen;

dann geht die Einsamkeit mit den Flüssen ...[100]

Und an anderer Stelle desselben Buches, die er mit »Der Letzte« überschrieben (und die unzweifelhaft autobiographischen Charakter) hat, heißt es: »Da steh ich nun in der Welt und geh / in die Welt immer tiefer hinein, / und habe mein Glück und habe mein Weh / und habe jedes allein.«[101] Auch ein anderer Dichter aus Rilkes Generation, Hermann Hesse, beschwört in einem Gedicht mit dem Titel »Nachts auf hoher See« das Thema Einsamkeit:

Nachts, wenn das Meer mich wiegt
Und bleicher Sternenglanz
Auf seinen weiten Wellen liegt,

Dann löse ich mich ganz
Von allem Tun und aller Liebe los
Und stehe still und atme bloß
[...]
Dann muß ich meiner Freunde denken
Und meinen Blick in ihre Blicke senken,
Und frage jeden still allein:
«Bist du noch mein?
Ist dir mein Leid ein Leid, mein Tod ein Tod? [...] [102]

Wer im »Regen« (Rilke) der Einsamkeit steht, ist denn auch umso mehr auf den von Quasimodo beschworenen Sonnenstrahl verwiesen und angewiesen, dessen er sich als ein vielleicht der Erwartung jenseitiger Paradieswonnen Entwöhnter bestmöglich und so lange als möglich zu erfreuen versucht. Dass der – oft genug aus jedweder metaphysischen Bindung gelöste – *Homo ludens*[103] der (Post)Moderne dabei nicht selten über seine emanzipierten Beine stolpert und zur Vermeidung nachhaltiger Sturzfolgen zahlreiche Körper- und Seelenärzte ins Brot setzt, gehört zu den Alltagserfahrungen der Gegenwart.
Ohne Quasimodos »Und gleich ist Abend« einer ausschließlichen Konzentration auf den diesseitigen Sonnenstrahl zurechnen zu wollen, ist doch unverkennbar, dass die eher dem mit Händen zu greifenden Diesseits als dem zwar vorstellbaren, aber nicht rational zugänglichen Jenseits zugeneigte moderne und postmoderne Bewusstseinslage zumindest der westlichen Welt die Kürze des Lebens in ähnlicher Weise thematisiert, wie uns dies aus den literarischen Quellen der

stark säkularisierten römischen Spätzeit bekannt ist. Gegen die während der Kaiserzeit weit verbreiteten Klagen über die Kürze des Lebens (wie sie etwa die Teilnehmer an dem uns von dem stoisch geprägten *arbiter elegantiarum* Petronius als literarisches Kunstwerk überlieferten *Gastmahl des Trimalchio* zum Ausdruck bringen[104]) wendet sich der Petronius sozial und geistig nahestehende Staatsmann und Philosoph Lucius Annäus Seneca (4-65 n. Chr.). In seiner Schrift *Über die Kürze des Lebens* heißt es: »Unser Leben ist lang genug und zur Vollendung der größten Taten reichlich bemessen, wenn es im Ganzen gut verwendet würde.«[105] Davon jedoch, so Seneca, könne in aller Regel keine Rede sein. Die meisten Menschen seien lediglich *occupati* – und dies durchaus im doppelten Sinne des Wortes: beschäftigt nämlich und (von diesen Beschäftigungen und den ihnen zugrunde liegenden Impulsen) besetzt bzw. besessen. Durch die Nichtigkeit ihres Tuns, durch ihre leere Geschäftigkeit und durch die ständige Jagd nach der Befriedigung ihrer Begierden verkürzten sie ihr Leben mehr oder minder gewaltsam. Wer von ihnen, so fragt er, »sähe nicht lieber den Staat in Unordnung als seine eigene Frisur?«[106]

Wenn das von Seneca gezeichnete, stark an entsprechende Sozialporträts seiner Zeitgenossen Martial, Juvenal und Petronius erinnernde Sittenbild auch die Grundhaltung eines sein Leben (keineswegs nur untadelig) gelebt habenden, nun aber abgeklärten Aristokraten spiegeln dürfte und nicht ohne Weiteres auf unsere heutige Gesellschaft übertragbar ist, so erinnert es doch fatal an vieles, was wir selbst an uns und unserer Mitwelt nur allzu gut kennen.

Wie er mit dem in Quasimodos Gedicht anklingenden elegischen Grundton philosophisch umgehen will, muss jeder Leser nach dem »was in ihm wohnt an Meinung, Geschmack und Humor« (Ringelnatz[107]) selbst entscheiden. Vieles spricht jedoch dafür, dass niemand, der seinen natürlichen Liebes- und Gesellungsneigungen folgt und von der Bereitschaft zu einem fairen Umgang mit seinen Mitmenschen getragen ist, ein Übermaß an Einsamkeit und Lichtlosigkeit zu fürchten hat. Und Ähnliches gilt auch für die angebliche Kürze des Lebens. Zwar mag sie uns schicksalhaft durch ›höhere Gewalt‹ unterschiedlichster Art auferlegt sein, aber jenseits solcher Determinanten liegt es wohl eher an uns, was wir aus unserem Leben machen. Wer wollte Seneca insoweit widersprechen?

~ R ~

Jean-Jacques Rousseau oder: Die Natürlichkeit

Die ihm zugeschriebene, zum Richtsatz für mehr als nur eine Epoche gewordene Parole »Zurück zur Natur« hat er wohl nie in genau dieser Form geäußert. Und doch verkörpert sie in vielfältiger Hinsicht all das, wofür der aus Genf stammende und einer dortigen Graveurlehre bei einem Uhrmacher entlaufene Jean-Jacques Rousseau (1712-1776) gelebt und geschrieben hat. Dass er einige Mühe hatte, sein Leben in geordnete Bahnen zu bringen, lässt sich seiner Lebensbeichte entnehmen. Jäh und schnell zu steigen begann sein Stern, als er die von der Akademie von Dijon 1749 ausgeschriebene Preisfrage nach dem Einfluss der Künste und Wissenschaften auf die Sitten im Sinne eines leidenschaftlichen Kulturpessimismus beantwortete[108] und damit den ausgesetzten Preis gewann. Der stetig fortschreitende Triumph von Geist und Kultur über die zur Güte tendierende Natur des Menschen habe nach und nach zu einer nicht minder fortschreitenden Sittenverderbnis geführt. Zu belegen bemüht sich Rousseau diese These mit dem Hinweis auf den im Peloponnesischen Krieg errungenen Sieg des asketischen Sparta über das üppige Athen. Der damit angeschlagene kulturpessimistische Akkord klingt dann in dem – wiederum durch eine Preisfrage der Akademie von Dijon angeregten – Diskurs von 1755 über die Ursachen für die Ungleichheit unter den Menschen fort.[109] Den Urzustand der Menschheit schildert er dabei als ein durch die Großmut der Natur ermöglichtes, sonniges Idyll, das erst durch die Sesshaftwerdung des Menschen und den damit verbundenen »Sündenfall ins Eigentum« (Ralf Dahrendorf) gesprengt worden sei. Der Erste, der ein Stück Land eingezäunt und es für sich allein in Anspruch genommen habe, sei zum Gründer der bürgerlichen Gesellschaft geworden.[110] Von da an sei der Prozess der weiteren Intellektualisierung und Zivilisierung unaufhaltsam gewesen, die natürliche Eigenliebe – *l'amour de soi même* – sei zur Selbstsucht – *l'amour propre* – entartet.

Mit der Stellung dieser entwicklungsgeschichtlichen Sozialdiagnose schafft Rousseau den Hintergrund für seine im *Contrat Social* (1762) dargelegten politischen[111] und seinem im *Emile*[112] (ebenfalls 1762) propagierten pädagogischen Therapieansatz. In den normativen Mittelpunkt seiner Staatslehre setzt er die *volonté generale*, den ideellen Gemeinwillen, zu dem sich die durch einen staatsbefriedenden Gesellschaftsvertrag[113] verbundenen Bürger in einem Akt potentieller Selbstüberwindung durchringen müssen, um den stets drohenden Untergang ihrer Freiheit zu bannen. Solange ihnen dies gelinge, bleibe auch ihre Freiheit erhalten, da sie im Grunde nur sich selbst gehorchten.

Das Alpha und das Omega solch hoffnungsvoller Perspektiven freilich sind Erwartungen an das menschliche Verhalten, die sie zu rechtfertigen vermögen. Wie schon für die platonisch-aristotelische Klassik der griechischen Antike wird daher auch für Rousseau die »Erziehung des Menschengeschlechtes« (Lessing) zum entscheidenden Katalysator einer das Gemeinwohl sichernden Politik. Durch eine den Erbanlagen des jeweiligen Kindes angemessene und insoweit auch natürliche Erziehung müssten Menschen herangezogen werden, die dann letztlich auch in der Lage seien, den ideellen Gehalt des Gemeinwillens in politischen Mehrheitsentscheidungen zum Ausdruck zu bringen. Selbstverständlich nämlich sei dies keineswegs. Im schlimmsten Falle könne nicht nur der Wille der Mehrheit, sondern sogar der Wille aller den ideellen Gemeinwillen verfehlen.

Um religiöse Rechthabereien und Revierkämpfe als mögliche Störfaktoren auszuschließen und so das Ineinander und Miteinander von individuellem Bewusstsein und kollektiver Gemeinwohlsuche zu finden, legt Rousseau dem »savoyischen Vikar« im *Emile*[114] das Bekenntnis zu einer natürli-

chen Religion des frommen Herzens in den Mund, die auf alle metaphysischen Spekulationen und dogmatischen Verhärtungen getrost verzichten und den Menschen aus dem Vertrauen auf einen gütigen Gott heraus zu einem geschwisterlichen Umgang mit seinen Mitmenschen führen kann.
Auf das in seinen kulturellen Darstellungs- und sozialen Umgangsformen in hohem Maße manierierte, aber zugleich auch nachdrücklich intellektualisierte ausgehende 18. Jahrhundert übte Rousseaus Philosophie eine enorme Wirkung aus. Neben dem Kritizismus und Skeptizismus der französischen Aufklärer – etwa Voltaires, Diderots, d'Alemberts, Holbachs, Helvetius' und des Abbé Sieyès – war es nicht zuletzt sein Freiheitspathos (»Der Mensch wird frei geboren und überall ist er in Ketten« steht am Anfang des *Contrat Social*[115]), welches das geistige Klima entscheidend förderte, aus dem heraus es schließlich zum Ausbruch der Französischen Revolution mit ihrer Freiheits-, Gleichheits- und Brüderlichkeitsrhetorik (aber auch ihren Exzessen) kommen konnte. Darüber hinaus war es Rousseaus leidenschaftliche Berufung auf Unabhängigkeit, Empfindsamkeit, Natur und Natürlichkeit[116], die über den Sturm und Drang der Jahrhundertwende hinaustrug und im ersten Drittel des 19. Jahrhunderts erheblichen Einfluss auf die Grundstimmung der (vor allem) deutschen Romantik gewinnen sollte und selbst noch für die Jugendbewegung im ersten und die Ökologiebewegung im dritten Drittel des 20. Jahrhunderts mannigfache Anregungs- und Anhaltspunkte bot.
Im Rück- und Überblick ist unübersehbar, dass Rousseaus philosophische Impulse eher genialisch als stringent waren.

Vieles war im gedanklichen Ansatz bestechend, dann aber nicht ganz zu Ende gedacht. So etwa die Konstruktion der *volonté generale* als eine Norm, die es – zumindest »theoretisch« – auch einer kleinen Gruppe von Dissidenten oder Revolutionären erlaubt, sich als Träger des rechten Bewusstseins (und damit der *volonté generale*) zu erklären und gegen den Willen der Mehrheit ein autoritäres oder gar totalitäres Regime zu errichten.[117] Rousseau erklärt ja ausdrücklich, dass selbst die Gesamtheit des Volkes die *volonté generale* verfehlen könne, was zur Folge habe, dass es dann »keine Freiheit mehr« gäbe, wie er in einem Brief an Mirabeau schreibt.[118] Von Karl R. Popper hat Rousseau (den er zu den »Feinde(n) der offenen Gesellschaft« zählt) dieser Aspekt seiner Lehre bittere Kritik eingetragen. Auch dann aber, wenn man es für überzogen hält, Rousseaus Staatslehre die Verantwortung für eine solche (von ihm gewiss nicht gebilligte) potentielle Entartungsperspektive zuzuschreiben, lassen sich manche Ungereimtheiten seiner Lehre schwerlich wegdiskutieren. Am ehesten wird man Rousseau wohl gerecht, wenn man ihn als bedeutenden Impulsgeber würdigt. Wie man mit den von ihm gegebenen Anregungen umgehen will freilich, bleibt jedem Leser seiner Schriften selbst überlassen. Uns Heutigen, die wir in einer weitgehend zivilisierten und technisierten und daher auch vergleichsweise naturfernen Welt leben, liegt seine Rückbesinnung auf ›Mutter Erde‹ (wie sie in seinen *Träumereien eines einsamen Spaziergängers* und in *Emile*, aber auch schon in seinen frühen Werken zum Ausdruck kommt) wohl besonders nahe. Und wenn wir den von ihm gewiesenen Wegen folgen wollen, so liegt es auch nahe, uns – wo und wie auch immer – für die Erhaltung und die Pflege unseres durch die zivilisatorische Entwicklung erheblich geschmälerten Naturerbes einzusetzen. Eine Bemühung dies, mit der wir nicht nur unserer Um- und Mitwelt, sondern nicht zuletzt auch uns selbst und unseren Nachkommen auf bestmögliche Weise dienen.

~ S ~

Sokrates oder: Der Weg zur Weisheit

Wer an Sokrates (469-399 v. Chr.) erinnert, hat den Weg zur Weisheit im Sinn. Wer von ihm spricht, spricht von Philosophie schlechthin. Und dies, obwohl von diesem Urbild des Philosophen zwar mehrere Porträtbüsten (in den Nationalmuseen von Neapel und Rom und im Vatikan) sowie eine Statuette (im British Museum in London) erhalten sind, nicht jedoch auch nur eine einzige Zeile von eigener Hand. Was wir über den einer Handwerkerfamilie entstammenden, seinen Brotberuf als Steinmetz (zum legendären Verdruss seiner Gattin Xanthippe) mehr und mehr ins zweite Glied verbannenden Athener Weisen wissen, wissen wir im Wesentlichen von seinen Schülern Platon (427-347 v. Chr.) und Xenophon (ca. 450-554 v. Chr.). In zahlreichen Dialogen – einer von seinem rhetorischen Bewegungsstil inspirierten Literaturform – präsentieren sie ihn im Gespräch mit mehr oder weniger profilierten Zeitgenossen. Obwohl das Sokrates-Bild der beiden Sokrates-Schüler in manchem variiert und auch einige Indizien dafür sprechen, dass Platon (vor allem in den späten Dialogen) viel Eigenes in die von ihm nachgezeichneten Höhenflüge des sokratischen Denkens hat einfließen lassen, während Xenophon der Sinn für solche Höhenflüge eher abging, widerspricht doch die Zusammenschau beider Ansichten entschieden dem von dem Komödiendichter Aristophanes (445-388 v. Chr.) in den *Wolken* karikierten Zerrbild eines mit sophistischer Spitzfindigkeit agierenden Winkeladvokaten namens Sokrates.[119] Wenn es überhaupt Aspekte gab, die es rechtfertigen könnten, Sokrates als Sophisten zu bezeichnen, so waren sie formaler Art. Sokrates war zweifellos Rationalist. Und Sokrates war auch ohne Zweifel Skeptiker. Rationalist war er insofern, als er im Verstand den Führer zu allen menschlichen Erkenntniszielen sah. Und Skeptiker war er insofern, als ihn nicht zuletzt die Fragwürdigkeit allen menschlichen Wissens, das Wissen um das Nichtwissen also, umtrieb. Wie die Sophisten, so bediente auch er sich der rhetorischen Dialektik mit Meisterschaft. Ziel seiner Dialektik war jedoch nie das bloße Spiel, die virtuose Klügelei – und schon gar nicht, andere ins Unrecht zu setzen, wo sie im Recht waren. Wenn er seine Gesprächspartner in Aporien, logische Ausweglosigkeiten also, trieb, so nur, um den Irrweg offenbar und den Ausweg möglich zu machen, der dann freilich schon bald zu neuen Scheidewegen führte. Das bohrende Fragen und Nachfragen des von vielen seiner Gesprächspartner als unbequem empfundenen Philosophen hatte mithin einzig das Ziel, sich mit ihnen gemeinsam auf die Suche nach dem der jeweiligen Wegstrecke angemessenen Tugendhaften (Arete) zu machen und auf diesem Erkenntnisweg sich und andere von jeglichem Schein- und Halbwissen zu befreien.

Dass seine Mutter den Beruf einer Hebamme ausgeübt hatte, mag Sokrates dazu angeregt haben, die eigenen Bemühungen um diese gemeinsame Erweckung zu geistigem Leben als Hebammenkunst (Maieutik) zu bezeichnen. In seiner Ausrichtung auf den Menschen und mit seiner Absage an den ethischen Relativismus oder gar Nihilismus vieler – zum Teil eher naturphilosophisch orientierter – Sophisten wurde er zum normativen Urbild des Humanisten.

Wenn die klassische Phase der griechischen Philosophie mit Sokrates einsetzt, so nicht zuletzt deshalb, weil er und seine Schüler dem nach der siegreichen Beendigung der Perserkriege einsetzenden religiösen und moralischen Auflösungsprozess Einhalt zu gebieten und das menschliche Wissen und Handeln auf eine ideelle Basis zu stellen suchten. Und dies umso mehr, als auch die verheerenden Folgen des von seinem Zeitgenossen Thukydides (455-396 v. Chr.) dokumentierten, als Peloponnesischer Krieg (431-404 v. Chr.) in die Geschichte eingegangenen transhellenischen Bürgerkriegs diese Motivation noch weiter verstärken musste.

Die von Sokrates als unausweichlich gesehene Brücke, die vom diesseitigen Ufer der Einsicht in die göttliche Sinnhaftigkeit des je und je Tugendhaften[120] zum jenseitigen Ufer seiner Verwirklichung führt, ist nach aller menschlichen Erfahrung nicht für jedermann und nicht ohne weiteres beschreitbar. Sokrates selbst freilich erwies sich in mehrfacher Hinsicht als glänzendes Vorbild athenischer Bürgertugend.

Im Dienste seiner Vaterstadt zeichnete er sich in mehreren Feldzügen durch besondere Tapferkeit und im zivilen Leben bis zur Selbstverleugnung durch unbedingte Konsequenz und Gesetzestreue aus. Als er während der Herrschaft der »Dreißig Tyrannen« wegen angeblicher Verführung der Jugend zur Gottlosigkeit zum Tode verurteilt wurde, verschmähte er seiner unwürdige Auswege (bis hin zur Annahme von Fluchthilfe) und leerte den tödlichen Schierlingsbecher, im Gespräch mit seinen Schülern bis zum Ende den Erkenntnisweg verfolgend. Möglicherweise – so der Meister in seinen letzten Stunden – führe ihn dieser Weg nun in ein besseres Leben.

~ T ~

Henry David Thoreau oder: Unabhängigkeit und Schlichtheit

Wie der große Königsberger Aufklärer und Moralist Immanuel Kant (1724-1804) hat auch der aus Concord in Massachusetts stammende Henry David Thoreau (1817-1862) den Umkreis seiner Heimatstadt (fast) nie verlassen.[121] Für das, was er der Welt zu sagen hatte, war Weltläufigkeit aber auch nicht erforderlich. Was man ihm schon vorab attestieren kann, ist die Tatsache, dass er ein außergewöhnlich unabhängiger Geist mit einem nicht minder außergewöhnlichen Gespür für »die unerschöpfliche Kraft des Einfachen«

(Heidegger[122]) war. Das Zusammenwirken dieser beiden markanten Charakterzüge machte ihn nicht nur zu einem Philosophen, sondern auch zu einem in den sozialen Raum hinein wirkenden Vorläufer der Ökologie- und Alternativbewegungen des 20. Jahrhunderts.

Wer war dieser Mann, dessen Schrift *Über die Pflicht zum Ungehorsam gegen den Staat*[123] Mahatma Gandhi und Martin Luther King inspirierte, die deutsche Bürgerinitiativbewegung der 70er und 80er Jahre des 20. Jahrhunderts beflügelte, der von Literaturhistorikern als Essayist mit Henri de Montaigne verglichen, von Ökologen als wiedererstandener Franz von Assisi gefeiert wurde und dem schließlich der bedeutende amerikanische Dichter Ralph Waldo Emerson die Totenrede hielt?

Unverkennbar ist, dass Thoreau auf seine Weise »schamlos dem Glück« nachstellte.[124] Unabhängigkeit und Schlichtheit prägten seine kurz bemessene Lebenszeit. Keine Tätigkeit vermochte den Harvard-Absolventen auf Dauer zu fesseln. Als Gymnasiallehrer, Privatschulunternehmer, Landvermesser oder auch als Mitarbeiter in der väterlichen Bleistiftmanufaktur war er stets nur Gelegenheitsarbeiter. Sein Hauptanliegen war die Suche nach dem »eigentlichen, wirklichen Leben«.[125] Um sich den Freiraum für diese Suche zu sichern, ging er äußerst ökonomisch (und damit zugleich auch äußerst ökologisch) mit seiner Lebenszeit um. Seinen übergeschäftigen Zeitgenossen deren sinnlos verschwenderischen Umgang mit der Zeit anzukreiden, wird er nicht müde.

Dass Thoreau seinen Lebensstil im Rückblick auf zwei unweit seiner Heimatstadt als weitgehend autark lebender

Einsiedler verbrachte Lebensjahre (1845-1847) minutiös dokumentierte, hat ihm Eingang in das Pantheon der Philosophie und der Weltliteratur verschafft. Was er rund um sein selbsterbautes Blockhaus an Selbstgenügsamkeit, Achtsamkeit und Nachdenklichkeit im Hinblick auf alles, was dort lebte, beobachtet, erfährt und dann auch in seinem (1854 erschienenen) Hauptwerk *Walden oder Leben in den Wäldern* – mal nüchtern zupackend, mal poetisch verschleiert, mal skurril verklausuliert – niederschreibt, hat ihm den Rang eines zivilisationskritischen Ökologen par excellence zuwachsen lassen. Zugleich hat er damit sein Verdikt, dass es heutzutage (nur noch) Professoren der Philosophie, aber keine Philosophen mehr gebe, im Hinblick auf sich selbst unfreiwillig falsifiziert.

Ob man Thoreau als Leser beim Zuschneiden der Balken seines Hauses, beim Backen des Brotes am offenen Feuer, beim Fischen im Waldsee oder beim Räsonieren über die Ratsamkeit des Verzichts auf Fleisch, die Verwerflichkeit von Doppelmoral und die Schändlichkeit von Zinsknechtschaft, über die Vergeblichkeit der ständigen Jagd nach Reichtum und die Pseudofreiheit der Besitzenden begleitet – stets geht es ihm um die Ökonomie und Ökologie des Lebens, die auch für ihn gleichbedeutend ist mit den Gesetzlichkeiten der praktischen Philosophie. Ohne sich Illusionen über den gegenwärtigen und mutmaßlichen künftigen Gang unserer Zivilisation zu machen, singt Thoreau auf seine schlichte Weise ein Hohelied der Achtsamkeit, der Bescheidenheit und der Rücksichtnahme auf Um- und Mitwelt. Und man spürt, dass ihm dabei nicht nur die Nikomachische Ethik, sondern auch die Stoa den Rücken stärkt. Zuweilen wird er sogar überraschend deutlich. »Unser ganzes Leben«, heißt es inmitten eines Diskurses über Ernährungskultur, »ist ... moralisch. Es gibt ... keinen Moment lang Waffenstillstand zwischen Tugend und Laster. Güte ist die einzige Kapitalanlage, die nie verloren geht.«[126] Und wenig später wendet er seinen Gedankengang noch ins Religiöse: »Abwechselnd feuert uns unsere Reinheit an und schmettert uns unsere Unreinheit zu Boden. Selig der, der sich sicher sein kann, daß das Tier in ihm Tag für Tag abstirbt und das Göttliche befestigt. Der Mensch fließt sofort zu Gott, wenn der Kanal der Reinheit offen ist.«[127]

Bemerkenswert freilich ist *Walden oder Leben in den Wäldern* nicht wegen des gelegentlich aufblitzenden Moralismus seines Autors, der im Grunde nur eine gestandene amerikanische Pionierfrömmigkeit spiegelt. Bemerkenswert ist Thoreaus Hauptwerk vor allem als ein frühes, gleichermaßen ökonomisches wie ökologisches Manifest. Wer neue Kraft schöpfen will für Stand und Wider-Stand, weniger gegen den letztlich wohl doch unverzichtbaren Staat (insoweit ist die Pioniermentalität von Thoreaus »Pflicht zum Ungehorsam gegen den Staat« nur noch sehr bedingt nachvollziehbar) als vielmehr gegen die krebsigen Auswucherungen des sich mehr und mehr globalisierenden Lebensstils der westlichen Welt – wem dies ein Anliegen ist, der sollte sich die Zeit zur Teilhabe am Denken und Fühlen eines Mannes nehmen, dessen unzeitgemäße Größe darin bestand, dem Schlag »eines anderen Trommlers« zu lauschen[128] und zu folgen.

U

Die Upanischaden oder: Einheit in der Vielheit und Hingabe an das All-Eine

Wer sich zu östlichem Fühlen und Denken hingezogen fühlt, wird bei dem Versuch, »philosophisch durchs Leben« zu gehen, früher oder später auch auf die von manchen als »indische Geheimlehre« bezeichneten) *Upanishaden* stoßen.[129]

Die zu unterschiedlichen Zeiten ab 750 v. Chr. bis ins zweite nachchristliche Jahrtausend hinein verfassten Texte philosophisch-theologischer Prägung schließen an die – vor dem ersten vorchristlichen Jahrtausend entstandenen – altindischen Veden an,[130] als deren bedeutendste Dokumente die in Sanskrit verfassten Rig- und Atharvaveden gelten. Diese Sammlungen umfassen die zum kultischen Gebrauch bestimmten, magisch-mythischen Beschwörungsformeln und Götterhymnen der im zweiten vorchristlichen Jahrtausend von Nordwesten her in das Industal eingebrochenen und sich später nach Osten ins Gangesdelta ausbreitenden Indoarier. Auf diese älteren Veden folgte zwischen 1000 v. Chr. und 750 v. Chr. ein sich vorwiegend mit dem priesterlichen Opferwesen befassendes Schrifttum, die Brahmanatexte. Wie die älteren Veden gelten auch diese Texte vielen frommen Hindus als heilige Offenbarungen. Nach säkularer An- und Einsicht sind sie jedoch das Werk einer langen Generationenfolge der erblichen brahmanischen Priesterkaste der Einwanderer, dessen inhaltliche Bezüge zum Neuplatonismus, zum islamischen Sufismus und zur christlichen Mystik des Mittelalters unverkennbar sind und auf frühe west-östliche Kontakte vor allem griechischer Philosophen mit den Indus-Kulturen zurückzuführen sein dürften.

In den – das Ende der vedischen Phase markierenden – sogenannten Vedânta klingt dann ab 750 v. Chr. die Konzentration auf die Ausbildung des Kasten- und Opferwesens allmählich ab. Im Mittelpunkt dieser Phase stehen die *Upanishaden* und schließlich das in gewisser Weise ihren Kern zusammenfassende Lehrgedicht *Bhagavad Gita*. Ihr Hauptanliegen ist die Entfaltung der All-Einheits-Lehre und die Beziehung zwischen der – teils personifiziert und teils unpersönlich gesehenen – Weltseele (Brahman/Atman) und Einzelseele. Nach der in den Upanishaden entwickelten Karmalehre bestimmt das diesseitige Tun der Einzelseele ihr Schicksal im Jenseits und bei ihrer Rückkehr ins Diesseits. Mit anderen Worten: Die in den früheren Texten noch im Hintergrund stehende Dimension der praktischen Ethik verstärkt sich im Zeichen der unter dem Gesetz einer Vergeltungskausalität stehenden Reinkarnationslehre. Im 11. Gesang (11,55) der zeitlich an die Upanishaden an- und damit die Folge der Vedânta abschließenden *Bhagavad Gita* spricht der All-Gott Vishnu mit der Stimme seiner irdischen Erscheinungsform Krischna:

> Wer stets bei seinem Tun nur meiner denkt im
> Leben,

Mich über alles liebt, sich ganz mir hingegeben,
Wer niemand haßt und wer an keinem Ding mag
hängen,
Der wird, o Pândusohn, dereinst zu mir gelangen.[131]

Während die Beachtung der ethischen Implikationen der Vergeltungskausalität sozusagen für den irdischen Hausgebrauch des Durchschnittsmenschen bedeutsam sein mag, ist sie für die den Himmelsweg der tiefsten Versenkung in die Verschränkung von göttlicher Immanenz und Transzendenz Suchenden bestenfalls noch von peripherer Bedeutung. Ihre (asketische) Pilgerschaft führt sie zur Erkenntnis der Zusammengehörigkeit von Wissen und Nichtwissen und von Entstehen und Nichtentstehen im *Einen* und damit zur Unsterblichkeit des Eins-Seins seines individuellen Selbst (d. h. seiner Seele) mit dem großen Selbst (d. h. mit der Weltseele).[132]

Auf der philosophisch-theologischen Grundlage der *Upanishaden* und der *Bhagavad Gita* kommt es während der – von Karl Jaspers (1883-1969) so genannten – »Achsenzeit«[133] um 500 v. Chr. zur Ausbildung des Jainismus durch Mahâvira und des Buddhismus durch den Prinzen Gautama.[134]

Während die *Upanishaden* und die *Bhagavad Gita* auf das abendländische Geistesleben des 19. und des beginnenden 20. Jahrhunderts (ich nenne exemplarisch Arthur Schopenhauer und den Umkreis der Theosophie) einen begrenzten Einfluss ausgeübt haben, ist die Wirkung nicht des Jainismus, wohl aber des Buddhismus in der westlichen Welt seit dem Ende des Zweiten Weltkrieges ständig gewachsen.

Mangels hinreichender Dokumentation muss letztlich die Frage offenbleiben, wie stark die philosophischen und religiösen Vorstellungen des indoarischen Brahmanismus auf den verschlungenen Pfaden der Kulturmigration und der Kulturosmose die Spiritualität schon des Vorderen Orients und von dort aus – auf die schon sehr viel besser bekannte Weise – die religiösen Vorstellungen des Abendlandes geprägt haben. Besonders naheliegend ist ihr Einfluss auf die islamische und die christliche Mystik, die freilich ebenfalls schon ihre Vorläufer und »Zwischenwirte« (um einen der Pomologie entlehnten Begriff zu gebrauchen) im Vorderen Orient haben. Im Hinblick auf das Christentum dürfte dieser Einfluss nicht nur auf dessen – von der Amtskirche stets mit einem gewissen Argwohn betrachteten – esoterische Strömungen, sondern mittelbar auch auf dessen dogmatisierte Exoterik gewirkt haben. Die Vorstellung der irdischen Inkarnationen göttlicher Wesenheiten etwa scheint ebenfalls dem Gedankengut der *Vedânta* zu entstammen. Aus der *Bhagavad Gita* erfährt man, dass der All-Gott Vishnu sich selbst in jedem Zeitalter »aus sich entläßt«[135], mithin als *Avátara* erscheint, »um die Frommen zu erretten und die Schurken zu vernichten«.[136]

Wer mithin das Bedürfnis verspürt, sich jenseits dogmatischer Belehrung mit den ferneren Wurzeln auch der christlichen Religiosität zu befassen, wer also etwa die im Vorfeld und Nachklang des Konzils von Nicäa (325 n. Chr.) getroffene kirchenpolitische Weichenstellung verstehen oder sich mit ihr auseinandersetzen will, wird kaum umhin können, seinen Blick auch auf die Quellen der indoarischen Tradition zu richten, in denen schon (fast) alle Grundfragen auch des abendländischen Suchens nach den Wechselbeziehungen von Himmel und Erde zum Fließen kommen.

~ V ~

Voltaire oder: Die Macht der Vernunft

Auf sie – die Macht der Vernunft – vertraute und pochte der unter dem Pseudonym Voltaire schreibende und dichtende Literat, Philosoph und Historiker François-Marie Arouet (1694-1778) sein Leben lang.[137] Sie erhob ihn zum viel bewunderten, aber auch viel gehassten Großfürsten nicht nur der französischen *République des Lettres*, sondern auch der ganzen europäischen Aufklärung. Die Bewunderung verdankte er der Lebhaftigkeit seiner Phantasie, der Pfiffigkeit seiner Einfälle, dem Glanz seiner Sprache, der Beständigkeit seiner Spottlust und der Bissigkeit seiner Feder. Vor allem aber verdankte er sie der Unerschütterlichkeit seines Vertrauens in die Erfahrung als Erkenntnisquelle, der Unerschöpflichkeit seines Glaubens an die Kraft des gesunden Menschenverstandes und der Unerbittlichkeit seines Feldzuges gegen (Aber)Glauben und Tyrannei. Im Zuge des Letzteren freilich beschädigte der abtrünnige Absolvent einer Jesuitenschule zeitlebens die Interessen des Klerus und zuweilen auch des Thrones, was ihm zahllose Misshelligkeiten eintrug.[138] Nicht unerheblich trugen zu diesen Misshelligkeiten freilich auch unverkennbar problematische Charakterzüge Voltaires bei – die stete Bereitschaft etwa, seine Gegner über Gebühr zu verletzen, es mit der Wahrhaftigkeit nicht allzu genau zu nehmen und dabei die eigenen Schwächen aus Eitelkeit zu vertuschen. Friedrich Schiller urteilte in seiner Abhandlung *Über naive und sentimentalische Dichtung*: »Wir begegnen immer nur seinem Verstande, nicht seinem Gefühl.« Deshalb müsse man fürchten, dass es »in diesem reichen Genius nur die Armut des Herzens« gewesen sei, »die seinen Beruf zur Satyre bestimmte.«[139] Dass auch die von ihm mit unversöhnlichem Hass verfolgten und gegen Ende seines Lebens noch durch vorgetäuschte Bekehrungen gefoppten[140] Vertreter christlicher Institutionen ihm immer wieder hart zusetzten, würzten die Verve seines Kreuzzuges. Dass Voltaire die Folgen seiner löblichen wie seiner weniger löblichen Geißelungen der soziokulturellen und soziopolitischen Dekadenz des *ancien régime* letztlich unbeschadet überstehen konnte, hatte er dem Umstand zu verdanken, dass er als Sohn eines zwar bürgerlichen, aber wohlsituierten und angesehenen Vaters und einer adeligen Mutter (nicht zuletzt wegen seiner Freigeisterei) in der morbiden französischen Hocharistokratie bestens vernetzt war und zeitweise auch die Protektion Friedrichs II. von Preußen und der – Ludwig XV. maßgeblich steuernden – Madame de Pompadour genoss. Hinzu kam, dass er als Mitautor der großen Enzyklopädie[141] auch als Enfant terrible zum dynamischen Kernbereich des von der progressiven geistigen Elite Europas bewunderten französischen *Siècle des lumières* zählte.

Wie chamäleonhaft schillernd auch immer die Persönlichkeit Voltaires gewesen sein mag – die in seinen Enzyklopädie-Artikeln und historischen Abhandlungen sowie in seinen zahlreichen Romanen[142], Versen, Pamphleten, Briefen und sonstigen Schriften vertretenen aufklärerischen Positionen entsprachen der sich machtvoll ankündigenden *qualità dei tempi*. Die Zeit war überreif für Kritik und Krise – jene große Krise, deren Entbergung und Erhellung er selbst mit seinen Schriften erheblich förderte, deren gewaltsame Manifestation in der ganz Europa erschütternden Französischen Revolution er aber nicht mehr erleben sollte. Seine Forderung nach einer Beendigung aller kirchlichen und staatlichen Eingriffe in die Privatsphäre ließ ihn zu einem entschiedenen Vorläufer des Liberalismus (schwerlich jedoch der Demokratie, und schon gar nicht einer sozialen Demokratie) werden. Bestenfalls interessierte ihn der Dritte, nicht aber der Vierte Stand, dem er eher mit (geistes-) aristokratischer Distanz begegnete. Nicht zuletzt um diesen in Zaum zu halten, verstieg sich der mutmaßliche Atheist zu der Aussage: »Wenn Gott nicht existierte, müsste man ihn erfinden.«[143] Als Staatsideal galt Voltaire wohl am ehesten eine liberale Monarchie nach englischem Vorbild, die er ähnlich positiv beurteilte wie sein Gesinnungsfreund aus dem Kreis der Enzyklopädisten, Charles Secondant de Montesquieu.[144] Mit anderen Worten: Auch als Rationalist blieb Voltaire ein Kind des 18. Jahrhunderts, dessen Skeptizismus er mit allen Poren aufgesogen hatte. Die Freiheit, um die es ihm ging, war in erster Linie die staatsbürgerliche Freiheit vor Zugriffen auf die persönliche Gesinnung und den sozialen Bewegungsspielraum – wohl auch zum Genuss all der Wonnen, die das genussfreudige Jahrhundert für die *beati possidentes* bereithielt.

Davon, dass diese Freiheit (und damit zugleich auch seine Vorstellung von Toleranz und Gerechtigkeit) durch den unablässigen Gebrauch des gesunden Menschenverstandes nachhaltig gefördert werden könnte, war Voltaire überzeugt, wenn er bei seinen satirischen Ausfällen den eigenen nüchternen Verstand auch auf nicht ausschließlich »gesunde« Weise aufblitzen ließ. Über die Verbreitung dieses gesunden Menschenverstandes hegte er im Übrigen aber auch ebenso wenig Illusionen wie über die Beschaffenheit von Himmel, Mensch und Erde. Angesichts seiner vielen rhetorischen Winkelzüge bleibt das Verhältnis des von der Kirche Exkommunizierten zur Transzendenz letztlich dunkel. Am ehesten ist es wohl im Zeichen eines vagen Deismus und eines zuletzt klaren Determinismus zu sehen.

Für Voltaires zentrales Anliegen, der von Gefühlen unverstellten, nüchternen Vernunft in allen menschlichen Verhältnissen einen Weg zu bahnen, ist sein wohl berühmtestes Werk, *Candide oder der Optimismus,* besonders aufschlussreich. Der *Candide*[145] setzt eine – als buntes Kaleidoskop der Missgeschicke konzipierte – Antithese zur christlichen Vorstellung von der Allmacht und Allgüte Gottes und zur Lehre des deutschen Moralphilosophen Gottfried Wilhelm von Leibniz (1646-1716) von der angeblich ›besten aller Welten‹. Anders als der Leser dies nach der nicht enden wollenden Folge der von ihm erfahrenen Katastrophen erwarten könnte, endet der *Candide* zwar nicht so märchen- und glückhaft wie Voltaires »orientalischer« Roman *Zadig oder das Schicksal*[146], aber doch einigermaßen versöhnlich. Nach Verflüchtigung aller hochfliegenden Hoffnungen und Pläne kann der Held wenigstens ein Stück Land am Bosporus bearbeiten. Indem ihm Voltaire das längst zum geflügelten Wort gewordene »Il faut cultiver nôtre jardin« (Wir müssen unseren Garten bestellen) in den Mund legte, verwies er ebenso schlicht wie nachdrücklich darauf, dass »die Arbeit … drei große Übel von uns fern [hält]: die Langeweile, das Laster und die Not« – und damit auf jene Macht der Vernunft, die maßvoll zu nutzen weder ihm selbst noch den politischen Jüngern und Vollstreckern seiner literarischen Appelle durchweg gelang, ohne die sich das menschliche Leben jedoch schwerlich mit Erfolg und Anstand leben lässt.

W

Max Weber oder: Die Verantwortlichkeit

Der außergewöhnlich begriffsstarke analytische Zugriff auf *Wirtschaft und Gesellschaft* (dies der Titel seines weit ausgreifenden Hauptwerkes[147]) ließ den Rechts-, Wirtschafts-, Sozial- und Kulturwissenschaftler Max Weber (1864-1920) nicht nur zum Gründervater der Soziologie, sondern auch zu einem Klassiker der gesamten Staatswissenschaften werden.

Was Webers Werk schon *a lìmine* auszeichnet, ist seine erklärte Methodenstrenge, das stete Bemühen um eine möglichst klare und redliche Unterscheidung zwischen wertfrei

Erkenn- und Vertretbarem und wertbetont Wünschbarem – das Bekenntnis also zur Befolgung eines nüchternen Rationalismus bei der wissenschaftlichen Entzauberung der Welt, an der auch er als Erbe und Fortsetzer aufklärerischen Denkens mitwirkt. Dies freilich nicht ohne die Einsicht in die stete Unausweichlichkeit, auf der Grundlage tendenziell wertfreier Analysen normative Entscheidungen zu treffen. Die Sorge, dass der okzidentale Rationalismus samt seinen sozioökonomischen Implikationen und Konsequenzen letztlich nur noch Fachmenschen ohne Geist und Genussmenschen ohne Herz hervorbringen könnte, hat Weber in seiner erhellenden Schrift über »Die Protestantische Ethik und der Geist des Kapitalismus« aus dem Jahre 1901 zum Ausdruck gebracht.[148] Nicht zuletzt diese Sorge dürfte auch zu den Beweggründen seines leidenschaftlichen Plädoyers zugunsten einer entschiedenen Verantwortungsethik gezählt haben. In seinem Münchner Vortrag aus dem Nachkriegsjahr 1919 über »Politik als Beruf« findet sich die berühmt gewordene Definition von Politik als einem »starke(n) langsamen(n) Bohren von harten Brettern mit Leidenschaft und Augenmaß zugleich«.[149] Dieses Bemühen aber, so Weber, müsse getragen sein von einem unbeugsamen Willen zur Verantwortlichkeit, von der steten Bereitschaft also, die voraussehbaren Folgen des eigenen Verhaltens gewissenhaft zu erforschen, um sie dann zur Grundlage der eigenen Entscheidungsfindung zu machen. Solches verantwortungsethisch geleitete Verhalten könne allerdings in Ausnahmefällen an letzten gesinnungsethisch vorgegebenen Grenzen haltmachen – in Situationen also, in denen das (Luther'sche) »Ich kann nicht anders, hier stehe ich« sein Recht fordere. Gesinnungsethik und Verantwortungsethik seien deshalb keine absoluten Gegensätze, sondern vielmehr »Ergänzungen, die zusammen den echten Menschen ausmachen, den, der den Beruf zur Politik haben kann«.[150]

Im Blick auf seine nicht spannungsfreie familiäre Situation bemühte sich Weber wohl, diesem Ausspruch gerecht zu werden.[151] Und im Revolutionsjahr 1919/1920 wäre der als Wissenschaftler ungemein Erfolgreiche auch bereit gewesen, politische Verantwortung zu übernehmen, um seinem Vaterland zu dienen, dessen Zukunftsperspektiven er in sehr düsterem Lichte sah. Bei diesem Versuch freilich scheiterte er schon sehr bald.[152] Aus großbürgerlichem Hause stammend und dessen nationalliberalem Milieu zeitlebens verbunden, kandidierte er erfolglos auf einer hessisch-nassauischen Liste der Deutschen Demokratischen Partei, die er wegen deren Forderung nach Sozialisierung(en) aber schon bald wieder verließ.

Was Weber einen Platz im Olymp deutscher und europäischer Geistesgrößen sicherte,[153] waren keineswegs nur die Weite seines Bildungshorizontes, die Prägnanz seines methodischen Zugriffs auf die Welt und die Stringenz seiner wissenschaftlichen Analysen, sondern auch seine – nicht von ungefähr dunkel umflorten – zeitkritischen Retrospektiven und Prognosen. Nicht zuletzt war und ist es aber auch die überzeugende Schlichtheit seiner Gegenüberstellung von Gesinnungs- und Verantwortungsethik, die ihn inmitten einer – nicht zuletzt durch seine eigenen Bemühungen – entzauberten Welt zu einem äußerst einflussreichen *praeceptor*

Germaniae werden ließ. Ein posthumes Ehrenamt dies, das Weber gerade unter dem genannten Blickwinkel noch lange wird bekleiden können, zumal sein klärender Hinweis auf die Janusköpfigkeit der ethischen Verhaltensoptionen zumindest für die mit seiner Begrifflichkeit Vertrauten zu einer Intensivierung der individualethischen Auseinandersetzung mit anstehenden Entscheidungen führen dürfte.

Ein Menschenalter nach Max Weber erfuhr dessen Plädoyer für eine tragfähige Verantwortungsethik im Werk des deutsch-amerikanischen Philosophen Hans Jonas (1903-1993) eine zeitgerechte Aktualisierung. Vor dem Hintergrund der die Weltgesellschaft immer nachdrücklicher bedrängenden Umweltkrise beschwor er *Das Prinzip Verantwortung* (1979) als Ausdruck seiner »pessimistischen Hoffnung« auf eine letztlich doch noch ausgeglichene Bilanz zwischen Mensch und Erde.[154]

Am Anspruch dieses Nachhaltigkeits- und Verantwortlichkeitsimperativs dürfte niemand vorbeikommen, der im 21. Jahrhundert ›philosophisch durchs Leben‹ gehen will.

X

Xenophon oder: Die Kunst der Führung

Von Sokrates (469-399 v. Chr.), dem Gründervater der abendländischen Philosophie, sind zwar mehrere Porträtbüsten und -gemmen[155], jedoch keine einzige Zeile von eigener

Hand überliefert. Was wir über sein Denken und Wirken wissen, stammt nicht ausschließlich, aber im Wesentlichen aus der Feder seiner Schüler Platon (427-347 v. Chr.) und Xenophon (431-355 v. Chr.). Als weitgehend authentisch gelten die frühen Dialoge Platons und – wenngleich zum Teil fiktiv oder aus zweiter Hand – Xenophons, während das von dem Komödiendichter Aristophanes (450-385 v. Chr.) in den *Wolken* gezeichnete Zerrbild eines mit dem Namen Sokrates belegten, spitzfindig argumentierenden »Anwaltes der schlechten Sache« in krassem Widerspruch zu deren Überlieferung steht[156] und möglicherweise Reaktion auf eine – heute nicht mehr zu erhellende – persönliche Kontroverse war. Das in den xenophontischen Erinnerungsschriften – also in der ›Apologie des Sokrates‹, den ›Apomnemoneumata‹[157], im *Oikonomicos*[158] und im *Symposion*[159] – gezeichnete Bild von Sokrates zeigt nicht die philosophischen (insbesondere metaphysischen) Höhenflüge des platonischen, wohl aber das ebenfalls glaubwürdige eines eher nüchtern und praktisch denkenden, zu Genügsamkeit, Mäßigkeit und Achtsamkeit mahnenden Mentors. Da die Rezeption eines Denkers stets auch die geistige Befindlichkeit des Rezipierenden spiegelt, liegt die Annahme nahe, dass Platon wie Xenophon aus dem Reichtum der sokratischen Lehre genau das aufgenommen haben, was ihrer eigenen Bewusstseinslage entsprach. Wahrscheinlich ist uns auf diese Weise ein vollständigeres Bild der sokratischen Geistigkeit überliefert worden, als es sonst der Fall gewesen wäre.

Wie immer es sich aber damit auch verhalten haben mag – sicher ist, dass Xenophons Aufmerksamkeit insbesondere denjenigen sokratischen Empfehlungen gilt, die sich auf die allgemeine Lebens- und (im umfassendsten Sinne des Wortes) Haushaltsführung beziehen, um die es nicht nur, aber insbesondere im *Symposion* und im *Oikonomikos*[160] geht. Auf das Thema ›Führung‹ wurde Xenophon nicht zuletzt durch seinen persönlichen Schicksalsweg verwiesen, der ihn – gegen den Rat seines Lehrers – in die militärische Gefolgschaft des persischen Thronprätendenten Kyrus des Jüngeren geraten ließ. Der Feldzug endete mit der Niederlage und dem Tod seines Kriegsherrn. Bei der Rückführung der von diesem angeworbenen griechischen Söldner von Mesopotamien nach Griechenland – dem äußerst entbehrungs- und verlustreichen ›Zug der Zehntausend‹ (den Xenophon in seinem erfolgreichsten Werk, der *Anabasis*, schildert[161]) – fiel ihm eine Führungsrolle zu. Aus den Erfahrungen dieses persischen Abenteuers erwuchs die xenophontische *Kyrupädie*[162], eine Art von Fürstenspiegel, zu dem das idealisierte Lebensbild des Großkönigs Kyrus des Älteren Pate stand. Dass Xenophon danach bewusst in die Dienste des aristokratisch (und nicht – wie Athen – demokratisch) regierten Sparta trat und sogar Kriegsdienste gegen seine Vaterstadt leistete, trug ihm die langjährige Verbannung aus Athen, aber als Dank Spartas auch ein stattliches Landgut ein. Aus dem Feldherrn wurde nun ein Gutsherr, der sich nicht mehr – wie in der *Kyrupädie* und im Dialog *Hieron* (in dem Sokrates nicht auftaucht) – um die Kunst des Herrschens, sondern um eine optimale Landwirtschaft sorgt. Wie dort geht es aber auch hier wieder um die Kunst der Führung. Und nun erwählt sich Xenophon seinen offenbar unvergessenen Lehrer wiederum als (fiktiven) Gesprächspartner, der dem Gutsherrn im spezifischen Stil der sokratischen Maieutik (Hebammenkunst) zu allen Fragen rund um die erfolgreiche Bewirtschaftung seines Gutes von der Auswahl des Verwalters und sonstiger Gehilfen bis zur rechten Arbeitsfolge von der Aussaat bis zur Ernte Ratschläge erteilt. Der die Natur als Lehrmeisterin anrufende, bodenständige Sokrates des Dialogs *Oikonomikos*, der erkennen lässt, dass der Gutsherr mit seinem Vermögen vernünftig umzugehen und auch ein gutes Einkommen aus seiner Haus- und Landwirtschaft erzielen sollte, unterscheidet sich markant von dem sich eher in den höheren philosophischen Sphären aufhaltende Sokrates der platonischen Dialoge. Dass Xenophon gerade in diesem Dialog mit Behagen in die Rolle seines Lehrers schlüpft, ist unverkennbar. Dass Sokrates der ihm in den *Oikonomikos* zugedachten Rolle nicht widersprochen hätte, ist aber ebenfalls denkbar. Die Grundlinien der uns von Platon und den – größere Nähe zum historischen Sokrates aufweisenden – xenophontischen Schriften überlieferten Aussagen zur sokratischen Geistigkeit stehen nämlich durchaus im Einklang mit den im Dialog *Oikonomikos* enthaltenen. Hier wie dort sind es die Symbiose von Vernunft und Sittlichkeit, das Zusammenwirken von Weisheit, Gerechtigkeit, Schlichtheit, Mäßigkeit, Ordentlichkeit, Nüchternheit, Achtsamkeit und Umgänglichkeit, die zum einen den Anspruch auf Führung, zum anderen aber auch den Erfolg solcher Führungskunst begründen.

~ Y ~

Yin Yang oder: Der Rhythmus des Lebens

In seiner heute am weitesten verbreiteten Form ist das Yin Yang oder Taiji-Symbol erst seit der Zeit der chinesischen Sung-Dynastie (960-1279 n. Chr.) und der auf sie folgenden Ming-Dynastie bekannt. Vorformen freilich finden sich schon aus früheren Zeiten. In seinen einfachen Formen erscheint das Yin-Yang-Zeichen schon in der Epoche der Zhou-Dynastie (1045-770 v. Chr.) im Buch der Wandlungen, dem *Yijing*, ansatzweise aber in seinem ursprünglichen Bedeutungsgehalt schon auf Bronzegefäßen und Orakelknochen der Shang-Dynastie (ca. 1500-1050 v. Chr.). Die Yin-Yang-Symbolik taucht zwar beispielsweise auch im keltischen und im römischen Kulturkreis auf, erfuhr aber seine markantesten Deutungen im Umkreis der chinesischen Kultur.

Wenn die Ursprungsbedeutung des Symbols auch im Dämmer der Frühgeschichte nicht mehr klar erkennbar ist, so ist unter den Sinologen doch unbestritten, dass Yin schon sehr früh für »dunkel« (»schattiger Ort«) und Yang für »hell« (»sonnige Anhöhe«) stand. Im *Yijing* steht Yin auch für »empfangend« und »passiv« und Yang für »gebend« und »aktiv«, in der Bedeutungsfolge dann auch für »weiblich« oder »weich« (Yin) und »männlich« oder »hart« (Yang).

Unverkennbar ist jedenfalls eine durch die Yin-Yang-Symbolik zum Ausdruck gebrachte Polarität – eine Polarität freilich, die nicht absolut, sondern relativ ist und in den Kreislauf einer Wechselbezüglichkeit mündet. Besonders deutlich kommt dies in dem Taiji-Symbol aus der Epoche der Sung-Dynastie zum Ausdruck, dem durch eine gewundene Linie in zwei gleichgroße, aber verschiedenfarbige Flächen geteilten Kreis, der in der hellen Yang-Hälfte einen dunklen Punkt und in der dunklen Yin-Hälfte einen hellen Punkt zeigt – Darstellungsform einer rhythmisch umeinander kreisenden Wechselbewegung. Das Symbol ist daher auch vorzüglich geeignet, die unterschiedlichsten Lebenszusammenhänge in ihrer einerseits konträren, andererseits komplementären Rhythmik abzubilden und so auf vielen Daseinsebenen als Deutungsmuster zu dienen. In der Abfolge der vierundsechzig aus gebrochenen Yin- und ungebrochenen Yang-Strichen bestehenden Hexagramme des *Buches der Wandlungen* manifestiert sich diese Entwicklungs- und Wechseldynamik auf markante Weise. Dass seine Vorformen schon sehr früh zu Orakelzwecken genutzt werden konnten[163], wobei die ursprünglich bloße Ja (Yang)-Nein (Yin)-Polarität im Laufe der Zeit immer weiter ausdifferenziert werden sollte, verdankt das *Yijing* dieser dialektischen Grundstruktur.

Zumindest in den taoistisch beeinflussten Strömungen der – letztendlich immer wieder um das *Buch der Wandlungen* kreisenden – chinesischen Philosophie wird die Yin-Yang-Symbolik seit der Han-Dynastie (206 v. bis 220 n. Chr.) auch auf eine kosmologische Deutungsebene gehoben.[164] Auf dieser Ebene verweist ihre Dialektik auf den »Weg des Himmels« und damit auf die Bewegungen der Himmelskörper am Firmament und auf die durch diese Bewegungen ausgelösten irdischen Reaktionen. Aus dieser vorgalileisch-geozentrischen Perspektive konnte die Yin-Yang-Symbolik als »oberster Firstbalken« des »himmlischen Dachstuhls« erscheinen und so geradezu zum »Schlüssel der philosophischen Weltdeutung« werden.[165] Der Wechselrhythmik der Gestirne geschuldet ist die Abfolge von Tag und Nacht, von Licht und Finsternis, Sonne und Mond, Vollmond und Neumond, Sommer und Winter, Ebbe und Flut samt aller Veränderungen, die sie im Leben der Pflanzen, Tiere und Menschen auslösten. Wenn man den Blick auf diese kosmologische Deutungsebene richtet, wird ohne Weiteres nachvollziehbar, warum der gemeinhin als vorbildlich geltenden, eher konfuzianisch geprägten Übersetzung von Richard Wilhelm aus den Jahren 1911ff.[166] auch noch eine die kosmologischen Zusammenhänge in den Mittelpunkt rückende, eher taoistisch geprägte Übertragung (von Frank Fiedeler[167]) folgen musste.

Der Erfolg und die weite Verbreitung der Yin-Yang-Symbolik liegen in ihrem ganzheitlichen Charakter und ihrer daraus resultierenden mehrdimensionalen Anwendbarkeit, die sie zu einer Art von Weltformel hat werden lassen. Erst recht gilt dies für das Faszinosum ihrer differenziertesten Anwendungsebene im *Yijing*, dem wohl bedeutendsten Weisheitsbuch, das menschliches Kulturschaffen je hervorgebracht hat. Ganz unabhängig davon nämlich, ob das *Buch der Wandlungen* im Hinblick auf individual- und sozialpsychologische, soziokulturelle, sozioökonomische, soziopolitische, medizinische oder sonstige naturwissenschaftliche

Fragestellungen gelesen oder im Orakelverfahren konsultiert wird – stets gibt es Auskunft über die innere Evolutions- und Kohärenzlogik einer in Frage stehenden Problematik.
Da es bei der Liebe zur Weisheit stets auch um Lebensbewältigung geht, mag zum Ausklang noch angefügt werden, dass die konstruktive Bedeutung der Yin-Yang-Symbolik stets auf Ausgleich zielt. Erhebt sich das Yang, fällt das Yin, steigt das Yin, sinkt das Yang – ein Perpetuum mobile des Lebens, das aufgrund seiner eigenen Reaktionsdynamik letztlich danach strebt, einen Zustand der Harmonie hervorzubringen, im *Buch der Wandlungen* aber sowohl die Tendenz zur als auch den Augenblick der Disharmonie zu erkennen gibt, wenn es im Hinblick auf eine konkrete Problemlage befragt wird.
Obwohl der schweizerische Dichter Conrad Ferdinand Meyer (1825-1898) bei der Niederschrift seines berühmten Gedichtes »Der römische Brunnen« kaum an die Taiji-Symbolik gedacht haben dürfte, hat er damit den Zustand eines harmonischen Yin-Yang-Ausgleichs formvollendet festgehalten:

> Aufsteigt der Strahl und fallend gießt
> Er voll der Marmorschale rund,
> Die, sich verschleiernd, überfließt
> In einer zweiten Schale Grund;
> Die zweite gibt, sie wird zu reich,
> Der dritten wallend ihre Flut,
> Und jede gibt und nimmt zugleich
> Und strömt und ruht.[168]

~Z~

Zarathustra oder: Die rechte Ordnung des guten Denkens, Redens und Handelns

Der persische Dichter und Prophet Zarathustra Spitama (ca. 630 v. Chr.-553 v. Chr.) hat neben einem Großteil der morgenländischen auch die abendländische Geistigkeit – wenngleich eher indirekt als direkt – geprägt wie wenige andere. Als Überwinder des altiranischen Mithra(s)-Kultes[169] wurde der Zarathustrismus oder Mazdaismus neben dem Judaismus zum (Mit-)Begründer eines entschiedenen Monotheismus und insoweit auch zu einem spirituellen Paten des Christentums wie des Islam.

Aus adligem, aber wenig begütertem Hause stammend[170], erschloss sich ihm (nach Prophetenart) in verschiedenen Erleuchtungs- und Offenbarungserlebnissen der ›Weise Herr‹ Ahura Mazda als allewiger, allmächtiger und allwissender Himmelsherr. Eine Gottesvorstellung dies, deren Kult weder der – die abstrakte Idealität Ahura Mazdas notwendigerweise verfehlender – Götzenbilder noch der – für den Bauernstand belastender, für die Priesterkaste jedoch einträglicher – Stieropfer des Mithra(s)-Kultes bedurfte, sondern lediglich einer achtsamen Befolgung der Verhaltenserwartungen, die der ›Weise Herr‹ an seine mit Willensfreiheit begabten[171] Geschöpfe stellt. Symbol der ihm andächtig zugewandten Wahrheitsliebe[172] und Willensrichtung (nicht aber selbst Gegenstand der Anbetung, wie dies nach der späteren Islamisierung Persiens zum polemischen Topos wurde) war die auf offenen Feueraltären und in geschlossenen Feuertempeln gehegte heilige Flamme.

Dank der ihm belassenen Willensfreiheit kann sich der Mensch nach Zarathustras Lehre in seinem irdischen Wandel für eines der beiden Geistwesen entscheiden, die schon zu Beginn der Weltschöpfung Ahura Mazdas durch seinen ›Heiligen Geist‹[173] als geistige Zwillingsprinzipien mit geschaffen und zu unversöhnlichem Widerstreit berufen wurden.[174] Mit anderen Worten: Dem Menschen steht es danach völlig frei, ob er dem sich in der Reinheit der Gedanken, der Worte und der Werke verwirklichenden Heiligen Geist anhängen oder ob er sich dem in der Unreinheit der Gedanken, der Worte und der Werke offenbarenden Lügengeist anschließen will. Die (grob-)stoffliche Ebene ist für Zarathustra der Kampfplatz, auf dem die Auseinandersetzung zwischen Gut und Böse stattfindet. Erst im späteren »Zoroastrismus« oder »Parsismus« wird die stoffliche Ebene stärker mit dem Prinzip des Bösen assoziiert oder gar identifiziert. Zarathustra selbst erbittet von Ahura Mazda für seine Jünger wie für sich selbst noch ganz unbefangen weltlichen Wohlstand – eine Bitte, die sich zumindest für die oberen spirituellen Ränge aller vom Zoroastrismus beeinflussten Religionsgemeinschaften (wie etwa für die *Electi* des Manichäismus) verboten hätte. Unerbittlich freilich fordert Zarathustra von seinen Jüngern, dem Lügengeist zu widerstehen und in allen Lebenslagen und Lebensäußerungen dem Geist der Wahrheit zu folgen. Der Lohn für diese Gefolgschaft ist »jubelndes Glück«[175] beim Fortleben nach dem Tode im

Reich des »Weise(n) Herr(n)«, während die Gefolgschaft des Lügengeistes an der »Brücke des Auserwählers«[176] – des die Seelen richtenden Heiligen Geistes[177] nämlich – zurückgewiesen und in der Sphäre des Lügengeistes dauernder Seelenpein unterworfen wird. Dieses lange »Schmachten in Finsternis, (bei) ekler Speise (und) Wehen«[178] möglichst vielen seiner Mitmenschen zu ersparen und sie deshalb zur Befolgung der sittlichen Rechts- und Wahrheitsordnung zu erziehen oder zu bekehren sieht Zarathustra als seine gottgewollte Berufung. Ihr mit Erfolg dienen zu können erfleht er in seinen dichterisch gestalteten Anbetungshymnen – den 16 Gathas mit ihren 229 Strophen – unermüdlich.[179] Diese Gathas bilden wohl den einzigen direkt auf Zarathustra zurückgehenden ideellen Kern des *Arvesta*, des Grundtextes der zoroastrisch-parsischen Religion.

Die Befolgung der von Zarathustra gelehrten und gepriesenen rechten Ordnung ist nicht nur um der Erlangung jenseitiger Seligkeiten im Atem Ahura Mazdas willen höchst erstrebenswert, sondern auch um der Gewinnung guten Karmas willen, das bei dem »Merker der Verdienste«, Ahura Mazda, wohl bewahrt wird[180] und sich bei einer Wiedergeburt positiv oder negativ manifestieren kann. Auch Zarathustra geht mithin von jener Überzeugung aus, die noch im frühen Christentum weit verbreitet war und erst auf der Kirchensynode von Konstantinopel im Jahre 553 verworfen wurde, ohne jedoch an einem mehr oder minder apokryphen Fortleben gehindert werden zu können.

Der äußere soziale Erfolg der zarathustrischen Lehre entspricht nur zum Teil ihrer Fern- und Tiefenwirkung. Nach anfänglichen Misserfolgen in seiner baktrischen Heimat, von wo ihn die erbitterte Gegnerschaft der um ihre Macht und Pfründe fürchtenden Mithra(s)-Priesterschaft zur Flucht ins ostiranische Chorasmien zwang, gelang es ihm, den in den Gathas gepriesenen Regionalfürsten Kavi Vitaspha zu gewinnen und damit den Siegeszug der von ihm als »Freund« oder gar (nach Platon[181]) »Sohn« Ahura Mazdas gestifteten Religion zu eröffnen. Im Reich der Achämeniden breitete sich Zarathustras Lehre seit der Thronbesteigung Kyrus' II. (»des Großen«) 555 v. Chr. immer weiter aus, blieb auch unter den Parthern (247 v. Chr.-224 n. Chr.) und den Sassaniden (224 n. Chr.) noch Reichsreligion, fiel dann aber nach der Eroberung Persiens durch die Araber einer radikalen Islamisierung zum Opfer. Heute lebt die – durch spätere Zutaten überformte – Lehre Zarathustras vor allem noch in der nordwestindischen Region um Bombay, aber auch in kleineren Gemeinden in Persien und Kanada fort.

Nicht zuletzt durch die Vermittlung des von dem Propheten Mani (216-276 n. Chr.) begründeten und vom zoroastrischen Denken stark geprägten Manichäismus übte der zarathustrische Dualismus einen nicht unerheblichen Einfluss auf den Kirchenvater Augustinus und damit indirekt auch auf das Christentum aus. Zwar kündigte Augustinus seine Mitgliedschaft in der manichäischen Glaubensgemeinschaft wieder auf und wandte sich unter dem Einfluss des Mailänder Bischofs Ambrosius und seiner Mutter Monika dem athanasischen – also von der Wesens*gleichheit* Jesu mit Gottvater überzeugten – Christentum zu. Wie schon sein Werk *Civitas Dei* von 412 zeigt, blieb die Grundstruktur seines Denkens jedoch dem manichäischen (und damit letztlich auch zarathustrischen) Dualismus zutiefst verpflichtet. Und trotz aller interpretatorischen und dogmatischen Markierungen, Nuancierungen und Überformungen, die der Heilslehre Jesu im Laufe ihrer 2000-jährigen Wirkungsgeschichte zuwachsen sollten, ist doch kaum zu verkennen, dass ihre Geistigkeit der zarathustrischen wesensverwandt ist. Inwieweit es sich dabei um Offenbarungs- und Erkenntniskoinzidenzen oder schlichtweg um – heute nur noch fragmentarisch nachvollziehbare – Traditionsmuster handelt, mag dahingestellt bleiben. Unzweifelhaft jedenfalls erscheint dem Autor dieser Zeilen, dass die zarathustrische Verhaltensempfehlung des rechten Denkens, Redens und Handelns[182] nicht nur vom Begründer des Christentums, sondern auch von allen anderen großen Religionsstiftern als ethische Maxime in dieser oder jener Form geäußert wurde oder hätte geäußert werden können. Und so mag für uns alle, die wir philosophisch durchs Alphabet gewandert sind, dies auch das ethisch unüberholbar »letzte Wort« sein.

Anmerkungen

1 Si hortum cum bibliotheca habes, nihil deerit (Epistulae ad familiares. Bearbeitet von D.R. Shackleton Bailey, Vol. II, Cambridge Classical Texts and Commentaries. Cambridge 2004, S. 10.

2 Vgl. Aristoteles, Politik, Buch III, Kap. 9. Übersetzt und mit erklärenden Anmerkungen und Registern versehen von Eugen Rolfes, Hamburg 1958, S. 96.

3 Buch VII, Kap. 2, a.a.O., S. 238.

4 Vgl. Nikomachische Ethik Buch II. Übersetzung und Nachwort von Franz Dirlmeier. Anmerkungen von Ernst A. Schmidt, Stuttgart 1969, S. 54 ff.

5 Vgl. a.a.O., Buch V, S. 119 ff. (135).

6 Baden-Baden 2006, passim.

7 Boethius, Trost der Philosophie. Übersetzt und herausgegeben von Karl Büchner. Mit einer Einführung von Friedrich Klingner, Stuttgart 1980 [1971], 1. Buch, S. 41 f.

8 A.a.O., S. 68.

9 Ebd.

10 Ebd.

11 Vgl. dazu a.a.O., S. 105, S. 114 f.

12 Aurelius Augustinus, De beata vita. Über das Glück. Lateinisch/Deutsch. Übersetzungen, Anmerkungen und Nachwort von Ingeborg Schwarz-Küchenbauer und Willi Schwarz, Stuttgart 1982, S. 59.

13 A.a.O., S. 61.

14 A.a.O., S. 21 et passim.

15 In der Übersetzung von Peter Cornelius Mayer-Tasch und Ulrike Schievelbein abgedruckt in: Die unerschöpfliche Kraft des Einfachen, hg. von Franz-Theo Gottwald, Bernd Malunat und Peter Cornelius Mayer-Tasch, Wiesbaden 2015, S. 30 ff.

16 Vgl. Dennis Meadows u.a., Die Grenzen des Wachstums. Bericht des Club of Rome zur Lage der Menschheit. Aus dem Amerikanischen von Hans Dieter Heck, Reinbek 1972. Vgl. auch Dennis L. und Donella H. Meadows, Das globale Gleichgewicht. Modellstudie zur Wachstumskrise, übersetzt von Hans-Dieter Heck, Reinbek 1976 [1974].

17 Vgl. Martin Heidegger, Der Feldweg, Frankfurt/Main 11. Aufl. 2006 [1953], S. 7: »Verzicht nimmt nicht, Verzicht gibt. Er gibt die unerschöpfliche Kraft des Einfachen.«

18 Vgl. Thomas Hobbes, Leviathan oder Wesen, Form und Gewalt des kirchlichen und bürgerlichen Staates, Teil I, Kap. XI. In der Übersetzung von Dorothee Tidow mit einem Essay zum Verständnis des Werkes, einem biographischen Grundriss und einer Bibliografie. Herausgegeben von Peter Cornelius Mayer-Tasch, 3. Aufl., Stuttgart 2012 [1651], S. 76.

19 Epiktet, Handbüchlein der Ethik. Aus dem Griechischen übersetzt, mit Einleitung und Anmerkungen versehen von Ernst Neitzke, Stuttgart 1980 [1158], Kap. 15, S. 24.

20 A.a.O., Kap. 8, S. 21.

21 Ebd.

22 A.a.O., Kap. 15, S. 24.

23 Epikur. Philosophie der Freude. Eine Auswahl aus seinen Schriften. Übersetzt, erläutert und eingeleitet von Johannes Mewaldt, Stuttgart 1965.

24 Epikur, Briefe, Sprüche, Werkfragmente [Griechisch-Deutsch]. Übersetzt und herausgegeben von Hans-Wolfgang Krantz, Stuttgart 1982, S. 128 ff.

25 »quia nos fecisti ad te«. So Augustinus im 1. Buch seiner *Confessiones* [Bekenntnisse], übersetzt von Josef Bernhart (2 Bde.), München 1955, Bd. 1, S. 15.

26 Vgl. Pico della Mirandola, Über die Würde des Menschen [De dignitate hominis]. Eingeleitet von Eugenio Garin, Bad Homburg 1988, S. 31.

27 Vgl. Meister Eckart, Vom Wunder der Seele. Eine Auswahl aus Traktaten und Predigten. Eingeleitet, neu durchgesehen und herausgegeben von Friedrich A. Schmid-Noerr, Stuttgart 1986, S. 55 ff. »In dem Innigsten der Seele« heißt es in einer der Predigten Meister Eckarts, »gebiert der Vater seinen Sohn und gebiert dich, samt seinem eingeborenen Sohn. Soll ich Sohn sein, so muss ich in demselben Wesen Sohn sein, in dem Gott selbst Sohn ist …«

28 Baruch de Spinoza, Theologisch-politisches Traktat [1670]. Übertragen und eingeleitet nebst Anmerkungen und Registern herausgegeben von Carl Gebhardt, Hamburg 1955, S. 122 f., Kap. 6.

29 Zu Jean Bodin vgl. Peter Cornelius Mayer-Tasch, Jean Bodin. Eine Einführung in sein Leben, sein Werk und seine Wirkung, 2. Aufl., Stuttgart 2011.

30 Jean Bodin, Sechs Bücher über den Staat. Übersetzt und mit Anmerkungen versehen von Bernd Wimmer. Eingeleitet und herausgegeben von Peter Cornelius Mayer-Tasch, Buch I-III, München 1981, Buch IV-VI, München 1986.

31 Protagoras, Frg. 4, 18, zitiert nach Wilhelm Capelle, Die Vorsokratiker, Stuttgart 1968, S. 333.

32 Publiziert wurde das drei Jahre vor Bodins Tod abgeschlossene, dann aber zu seinen Lebzeiten vorsichtshalber nur in Abschriften kursierende Colloquium Heptaplomeres de verum sublimium arcanis abditis erstmals im Jahre 1841 in Berlin. Eine französische, von Roger Chauviré besorgte Ausgabe erschien 1914 in Paris.

33 Thomas Hobbes, Leviathan oder Wesen, Form und Gewalt des Kirchlichen und Bürgerlichen Staates. In der Übersetzung von Dorothee Tidow mit einem Essay »Zum Verständnis des Werks«, einem biographischen Grundriß und einer Bibliographie, herausgegeben von Peter Cornelius Mayer-Tasch, 3. Aufl., Stuttgart 2012 (Teil I, Kap. XIII, S. 98).

34 Vgl. a.a.O., S. 97 ff.

35 Friedrich Schiller, Wilhelm Tell, 2. Aufzug, 2. Szene (Bd. 2 der Knauer'schen Schillerausgabe, München 1954, S. 108).

36 Lukas 6,27 und 35 sowie Matthäus 5,44.

37 Lukas 6,36.

38 Lukas 6,37. Vgl. auch Matthäus 7,1.

39 Lukas 6,38.

40 3. Mose 24 und 20. Vgl. auch 5 Matthäus 7,38.

41 Lukas 6,31 sowie Matthäus 5,12.

42 Vgl. Joachim von Fiore, Das Reich des Heiligen Geistes. Bearbeitung Alfons Rosenberg, München-Planegg 1955f.

43 Vgl. Gotthold Ephraim Lessing, Die Erziehung des Menschengeschlechts und andere Schriften. Mit einem Nachwort von Helmut Thielicke, Stuttgart 1980, S. 85 ff., S. 28 f.

44 Zum historischen Hintergrund vgl. u.a. Peter J. Opitz, »Konfuzius«, in: Chinesisches Altertum und konfuzianische Klassik, hg. von Peter J. Opitz, München 1968, S 35 ff. sowie Ders., »Kontroversen über

Konfuzius«, in: Politische Studien, 26. Jg. (1975), S. 47 ff. Vgl. auch Reiner Roetz, Konfuzius, 3. Aufl., München 2006.

45 Kungfutse, Gespräche. Lun Yü. Aus dem Chinesischen übertragen und herausgegeben von Richard Wilhelm, München 1990.

46 Lun Yü, XIII. 13, a.a.O., S. 134.

47 Lun Yü, I. 4, a.a.O., S. 38.

48 Lun Yü, XIII. 2, a.a.O., S. 131.

49 Lun Yü, XII. 17, a.a.O., S. 126.

50 Zu einer (vermutlich legendären) Begegnung der beiden Nestoren der chinesischen Kultur vgl. Roetz, Konfuzius, a.a.O., S. 17.

51 Lun Yü, XV. 4 a.a.O., S. 154.

52 Lun Yü, VI, 27 a.a.O., S. 80. Vgl. auch Lun Yü II, 4 (a.a.O., S. 42 f). Im Ideal von Mitte und Maß begegnet der Humanismus des Morgenlandes dem Humanismus des Abendlandes in harmonischer Weise. Vgl. hierzu Peter Cornelius Mayer-Tasch, Mitte und Maß – Leitbild des Humanismus von den Ursprüngen bis zur Gegenwart, Baden-Baden, 2006, S. 295 ff. und passim.

53 Lun Yü XV, 20, a.a.O., S. 158.

54 Vgl. John Locke, The Second Treatise of Government. Über die Regierung. Englisch/Deutsch. Übersetzt von Dorothee Tidow. Herausgegeben von Peter Cornelius Mayer-Tasch, Stuttgart 1974 (2012).

55 Vgl. Über die Regierung, Kap. 8, a.a.O., S. 157 ff.

56 Vgl. hierzu ausführlich Mayer-Tasch, »John Locke – Der Weg zur Freiheit«, a.a.O., S. 441 ff.

57 Vgl. John Locke, An Essay Concerning Human Understanding in Two Volumes. Edited with an introduction by John W. Yolton, London/New York 1961.

58 Vgl. Donato Giannotti, Die Republik Florenz (1534). Herausgegeben und eingeleitet von Alois Riklin. Übersetzt und kommentiert von Daniel Höchli, München 1997; Francesco Guiccardini, Ricordi, a cura di R. Calmarocchi, Bari 1935 (Das politische Erbe der Renaissance [Ricordi]. Neu geordnet und eingeleitet von Ernesto Grassi. Übertragen und mit einem Anhang versehen von Karl Josef Partsch, 2. Aufl., Bern 1946). Zu Guiccardini vgl. auch die vom Autor betreute Doktorarbeit von Dominik Schömig, München 2015; Nicolò Contarini, De rerum perfectione libri VI,

Venedig 1576, Paolo Paruta, Della Perfettione della vita politica, Venetia MDLXXIX; bzw. die vom Autor als Doktorarbeit betreute Übertragung von Jutta Schmidt: Über die Vollkommenheit des politischen Lebens in drei Büchern. Eingeleitet, übersetzt und kommentiert von Jutta Schmidt; Bern 1996; Niccolò Machiavelli, Discorsi. Gedanken über Politik und Staatsführung. Deutsche Gesamtausgabe. Übersetzt, eingeleitet und erläutert von Rudolf Zorn, Stuttgart 1966; James Harrington, The Oceana. With an exact account of his life prefixed by John Toland, London MDCC, sowie Alois Riklin, Die Republik von James Harrington 1656, Bern/Wien 1999.

59 Vgl. Montesquieu, Vom Geist der Gesetze. In neuer Übertragung eingeleitet und herausgegeben von Ernst Forsthoff, 2 Bde., Tübingen 1951.

60 Vgl. Über die Regierung, Kap. 11-14, a.a.O., S. 214-277. Die bei Locke noch separat ausgewiesene Föderative und Prärogative gingen nach und nach in den anderen Gewalten auf, während die von Locke noch im Zusammenhang mit der Exekutive gesehene Judikative sich nach und nach immer stärker verselbstständigt hat.

61 Vgl. hierzu Max Weber, Die protestantische Ethik und der Geist des Kapitalismus, 1904.

62 Vgl. Niccolò Machiavelli, Der Fürst (Il Principe). Übersetzt und herausgegeben von Rudolf Zorn, Stuttgart 1959 ff.

63 Friedrich der Große, Der Antimachiavell. Aus dem Französischen von Friedrich v. Oppeln-Bronikowski, Jena 1912.

64 Vgl. Der Fürst, Kap. XXVI, a.a.O., S. 106 ff.

65 Vgl. hierzu insbesondere Kap. XXV, a.a.O., S. 102 ff.

66 Friedrich Nietzsche, Morgenröte. Gedanken über die moralischen Vorurteile, Köln 2011 [1881].

67 Zu Max Weber vgl. S. 103.

68 Vgl. hierzu Morgenröte, a.a.O., S. 25 (Abschnitt 19).

69 So u.a. in: Also sprach Zarathustra. Ein Buch für Alle und Keinen. Mit Peter Gasts Einführung und einem Nachwort von Alfred Baeumler, Leipzig 1930, S. 227.

70 Vgl. a.a.O., S. 47 f. (Abschnitt 49).

71 »Ehemals suchte man zum Gefühl der Herrlichkeit des Menschen zu kommen, indem man auf seine göttliche Abkunft hinzeigte: dies

ist jetzt ein verbotener Weg geworden, denn an seiner Tür steht der Affe, nebst anderem greulichen Getier, und fletscht verständnisvoll die Zähne.« (Morgenröte, a.a.O., S. 47, Abschnitt 49).

72 Rainer Maria Rilke, Ich lebe mein Leben in wachsenden Ringen, Berlin-Schmargendorf 1899.

73 Vgl. Die fröhliche Wissenschaft [1887]. Mit einem Nachwort, einer Zeittafel zu Nietzsche, Anmerkungen und bibliographischen Hinweisen von Peter Pütz, München 1999, Abschnitt 367.

74 Zum kulturgeschichtlichen Motiv der Himmelsleiter vgl. Peter Cornelius Mayer-Tasch/Bernd Mayerhofer, Die Himmelsleiter. Stufen zum Paradies, 2. Aufl., Berlin 2015, passim.

75 Also sprach Zarathustra, a.a.O., S. 227.

76 Vgl. die »Vorrede« zu Also sprach Zarathustra, a.a.O., S. 5 f. (Abschnitt 1/2).

77 Also sprach Zarathustra, a.a.O., S. 194, S. 196.

78 A.a.O., S. 319.

79 Vgl. die »Vorrede«, a.a.O., S. 13ff. sowie den Abschnitt »Vom höheren Menschen«, a.a.O., S. 317 passim.

80 A.a.O., S. 323.

81 Zu Schopenhauer vgl. Die Welt als Wille und Vorstellung, hg. v. Heinrich Schmidt, Leipzig o.J., passim.

82 Also sprach Zarathustra, a.a.O., S. 321.

83 A.a.O., S. 323.

84 A.a.O., S. 320.

85 Die folgende Darstellung entspricht den Ausführungen in: Peter Cornelius Mayer-Tasch, Mitte und Maß – Leitbild des Humanismus von den Ursprüngen bis zur Gegenwart, Baden-Baden 2006 (mit Belegen).

86 Schillers Werke in zwei Bänden, München o.J., Bd. 1, S. 105.

87 So Werner Ziegenfuß/Gertrud Jung, Artikel »Pythagoras«, Philosophen-Lexikon, Bd. 2, München 1950, S. 317.

88 Ob Pythagoras damit als Erster die Erdbewegung um die Sonne gelehrt hat (wie Ziegenfuß/Jung, a.a.O., behaupten), ist zweifelhaft.

89 So Ziegenfuß/Jung, a.a.O.

90 Vgl. Das Stunden-Buch (1. Buch: Das Buch vom mönchischen Leben), in: Rainer Maria Rilke, Werke in 6 Bänden, 2. Aufl., Frankfurt/Main 1982, eingeleitet von Beda Allemann, S. 9.

91 Zitiert nach: Die Goldene Mitte, Bd. 1: Die goldenen Verse des Pythagoras, Übersetzung von G. Gerlach, Heilbronn 1983, S. 8.

92 A.a.O., S. 4f.

93 Vgl. die Nachweise bei Franz-Theo Gottwald/Bernd Malunat/Peter Cornelius Mayer-Tasch, Die unerschöpfliche Kraft des Einfachen, Wiesbaden 2015, S. 105 ff.

94 Vgl. a.a.O., S. 105 f.

95 Vgl. hierzu: Die Vorsokratiker. Die Fragmente und Quellenberichte, übersetzt und eingeleitet von Wilhelm Capelle, Stuttgart 1968, S. 98 ff. (101).

96 Vgl. Die Vorsokratiker, a.a.O., S. 29 ff.

97 A.a.O., S 43.

98 Das Gedicht ist zweisprachig abgedruckt in: Italienische Lyrik. 50 Gedichte. Italienisch/Deutsch. Übersetzt und herausgegeben von Jürgen von Stackelberg, Stuttgart 2004, S. 104 f.

99 Vgl. Die fröhliche Wissenschaft, 3. Buch, Aphorismus 125 (»Der tolle Mensch«), KSA, S. 480 ff. Der Satz taucht auch mehrfach in Also sprach Zarathustra auf.

100 Rainer Maria Rilke, Werke (Einleitung von Beda Allemann), 2. Aufl., Frankfurt/Main 1982, Bd. 1, S. 153 f.

101 A.a.O., S. 151.

102 Das Gedicht ist abgedruckt in: Hermann Hesse, Vom Baum des Lebens. Ausgewählte Gedichte. Wiesbaden 1956, S. 35.

103 Der Begriff wurde von dem niederländischen Sozial- und Kulturhistoriker Johan Huizinga (1872-1945) geprägt.

104 Vgl. Petronius, Cena Trimalchionis [Gastmahl bei Trimalchio], herausgegeben von Konrad Müller und Wilhelm Ehlers, München 1979, 42, 5-6, S. 41.

105 Vgl. De brevitate vitae [Über die Kürze des Lebens]. Übersetzt und herausgegeben von Josef Feix, Stuttgart 1977, I, 3, S. 5.

106 Vgl. a.a.O., 12, 3, S. 35.

107 Beim Schenken, so Ringelnatz, müsse man zum Ausdruck bringen, »was in einem wohnt an Meinung, Geschmack und Humor« (vgl. Joachim Ringelnatz, »Schenken«, in: Sämtliche Gedichte, Zürich 2003).

108 Vgl. Jean-Jacques Rousseau, Schriften zur Kulturkritik (Die zwei Discours von 1750 und 1755). Übersetzt und mit Einleitung und

Anmerkungen herausgegeben von Kurt Weigand, Hamburg 1955, S. 2 ff.

109 Vgl. a.a.O., S. 62 ff.

110 A.a.O. S. 191.

111 Vgl. Jean-Jacques Rousseau, Der Gesellschaftsvertrag oder die Grundsätze des Staatsrechts. In der verbesserten Übersetzung von Dr. Denhardt, herausgegeben und eingeleitet von Heinrich Weinstock, Stuttgart 1958.

112 Jean-Jacques Rousseau, Emile oder Über die Erziehung. Herausgegeben, eingeleitet und mit Anmerkungen versehen von Martin Rang. Unter Mitarbeit des Herausgebers aus dem Französischen übertragen von Eleonore Sckommodau, Stuttgart 1970.

113 Vgl. Der Gesellschaftsvertrag, 1. Buch, 5. Und 6. Kapitel, a.a.O., S. 41 ff.

114 Vgl. Emile, 4. Buch, a.a.O., S. 545 ff.

115 Vgl. Der Gesellschaftsvertrag, 1. Buch, 1. Kapitel, a.a.O., S. 30.

116 In Rousseaus letztem (autobiographischen) Werk heißt es: »Ich habe keinerlei Abhängigkeit ertragen: ich war vollkommen frei, denn ich war nur durch meine Neigungen gebunden und konnte tun, was mir gefiel. Meine ganze Zeit ging hin in zärtlicher Umsicht und ländlichen Beschäftigungen« (Träumereien eines einsamen Spaziergängers, verdeutscht und mit einem Vorwort von R. J. Humm, Basel 1943, S. 215).

117 Vgl. dazu des Näheren Peter Cornelius Mayer-Tasch, Hobbes und Rousseau, 3. Aufl., Aalen 1991, S. 85 ff.

118 Der Brief ist abgedruckt bei Peter Cornelius Mayer-Tasch, a.a.O., S. 127 ff.

119 Vgl. dazu auch Peter Cornelius Mayer-Tasch, Mitte und Maß – Leitbild des Humanismus von den Ursprüngen bis zur Gegenwart, Baden-Baden 2006, S. 22 f.

120 Vgl. Nomoi, 898 c.

121 Die folgende Darstellung folgt teilweise dem Thoreau-Porträt des Verfassers Peter Cornelius Mayer-Tasch, »Henry D. Thoreau – Naturfreund und Philosoph«, in: Udo E. Simonis (Hg.), Vordenker und Vorreiter der Ökologiebewegung. 40 ausgewählte Porträts, Stuttgart 2014, S. 18 ff.

122 Martin Heidegger, Der Feldweg, Frankfurt/Main, 11. Aufl. 2006

[1953], S. 7. Zur Thematik vgl. ausführlich Franz-Theo Gottwald/Bernd Malunat/Peter Cornelius Mayer-Tasch (Hg.), Die unerschöpfliche Kraft des Einfachen. Askese als Jungbrunnen und Himmelsweg, Wiesbaden 2015. »Einfachheit, Einfachheit, Einfachheit!«, heißt es in Walden oder das Leben in den Wäldern (vgl. Anm. 145). »Laß deine Geschäfte zwei oder drei sein, sage ich dir, und nicht hundert oder tausend; statt eine Million zu zählen, zähle ein halbes Dutzend und führe Buch auf deinem Daumennagel!«

123 Vgl. Henry David Thoreau, Über die Pflicht zum Ungehorsam gegen den Staat und andere Essays. Übersetzung, Nachwort und Anmerkungen von W. E. Richartz, Zürich 1867/1973 [The Resistance to Civil Government, 1849].

124 So W.E. Richartz im Vorwort zu Thoreaus Hauptwerk Walden oder Leben in den Wäldern (vgl. Anm. 145), S. 9.

125 Henry David Thoreau, Walden oder Leben in den Wäldern. Aus dem Amerikanischen von Emma Emmerich und Tatjana Fischer. Vorwort von W.E. Richartz, Zürich 1971, S. 98.

126 Walden oder das Leben in den Wäldern, a.a.O., S. 218.

127 A.a.O., S. 216.

128 Vgl. a.a.O., S. 316.

129 Vgl. Upanishaden. Die Geheimlehre der Inder. Übertragen und eingeleitet von Alfred Hillebrandt. Mit einem Vorwort von Hellmuth von Glasenapp, München 1988 [1977]. Eine Auswahl einzelner »Upanishaden« findet sich in der Reclam-Ausgabe der UNESCO-Sammlung repräsentativer Werke. Asiatische Reihe (aus dem Sanskrit übertragen und erläutert von Paul Thieme), Stuttgart 1971 [1966].

130 Hellmuth von Glasenapp, Die Philosophie der Inder. Eine Einführung in ihre Geschichte und ihre Lehren, 4. Aufl., Stuttgart 1985, S. 24 ff. Vgl. auch Heinrich Zimmer, Philosophie und Religion Indiens, 6. Aufl., Frankfurt/Main 1988, S. 300 ff.

131 Zitiert nach Glasenapp, a.a.O., S. 169. In der Übersetzung von Sri-Sri Rädhä-Krisna-Tempel (in: Die Bhagavad-Gîtä wie sie ist. Vollständige Ausgabe mit originalen Sanskritversen, lateinischen Transliterationen und ausführlichen Erläuterungen v. His Divine Grace A. C. Bhaktivedanta Swami Praphubäda, 5. Aufl., Vaduz 1981), lautet der Text folgendermaßen: »Wer in Meinem reinen hin-

gebungsvollen Dienst beschäftigt ist, frei von den Verunreinigungen vorangegangener Tätigkeiten und frei von gedanklicher Spekulation, und wer jedem Lebewesen ein Freund ist, gelangt sicher zu Mir« (s. 525).

132 Vgl. Upanischaden in der Ausgabe von Paul Thieme, a.a.O., S. 80 ff. (Gespräch über den Wert der Erkenntnis).

133 Vgl. Karl Jaspers, Vom Ursprung und Ziel der Geschichte, Frankfurt/Main 1955, S. 56 ff.

134 Vgl. Glasenapp, a.a.O., S 50 ff. sowie ausführlicher S. 295 ff. (Jainismus) und S. 302 ff. (Buddhismus). Zum Jainismus und Buddhismus vgl. auch ausführlich: Zimmer, Philosophie und Religion Indiens, a.a.O., S. 171 ff. und S. 415 ff.

135 So im 7. Vers des 4. Gesangs, zitiert nach Glasenapp, Die Philosophie der Inder, a.a.O., S. 174.

136 Bhagavad-Gita wie sie ist, a.a.O., S. 210.

137 Zu Herkunft, Erziehung und Werdegang vgl. u.a. W. Kreiten, Freiburg i. Br. 1878, S. 6 ff.

138 Vgl. dazu und zu weiteren biographischen Details a.a.O., passim.

139 Zitiert nach Karlheinz Stierle (Hg.), Einleitung zu Voltaire. Aus dem philosophischen Wörterbuch, Frankfurt/Main 1967, S. 32.

140 Vgl. auch hierzu die insoweit wohl authentische Darstellung von Kreiten (a.a.O., S. 332 ff.), dessen Biographie im Übrigen zwar sehr ausführlich ist, die kritische Grundhaltung des (der Sociétas Jesu angehörigen) Autors jedoch deutlich erkennen lässt. Zum Initiator und Hauptherausgeber Diderot vgl. Denis Diderot: Enzyklopädie. Philosophische und politische Texte aus der Encyclopédie sowie Prospekt und Ankündigung des letzten Bandes. Mit einem Vorwort von Ralph-Rainer Wuthenow, München 1969. Zu Diderot vgl. auch ausführlich Karl Rosenkranz, Diderots Leben und Werke, 2 Bde., Aalen 1964 (Neudruck der Ausgabe Leipzig 1866) sowie: Diderot. Ein Lesebuch für unsere Zeit, 2. Aufl., Berlin und Weimar 1989. Zum Kreis der Enzyklopädisten zählten außer Diderot und D'Alembert u. a. auch Condillac, Condorcet, Helvetius, Holbach, Montesquieu und Turgot. Vgl. auch Arno Baruzzi (Hg.), Aufklärung und Materialismus in Frankreich, München 1968.

141 Voltaire verfasste die Artikel zu Theologie, Geschichte und Literatur. Zum Initiator und Hauptherausgeber Diderot vgl. Denis Diderot:

Enzyklopädie. Philosophische und politische Texte aus der Encyclopédie sowie Prospekt und Ankündigung des letzten Bandes. Mit einem Vorwort von Ralph-Rainer Wuthenow, München 1969.

142 Vgl. Voltaire, Sämtliche Romane und Erzählungen. Aus dem Französischen von Ilse Lehrmann. Mit einer Einleitung von Viktor Klemperer und Erläuterungen von Rudolf Noack und Rolf Müller, 8. Aufl. 1982.

143 Zitiert nach Werner Ziegenfuß/Gertrud Jung, Philosophen-Lexikon, Bd. II, Berlin 1950, Artikel »Voltaire«, S. 808.

144 Vgl. Montesquieu, Vom Geist der Gesetze [De l'Esprit des Lois]. In neuer Übersetzung eingeleitet und herausgegeben von Ernst Forsthoff, 2 Bde., Tübingen 1951, passim.

145 Abgedruckt in: Voltaire, Sämtliche Romane und Erzählungen, a.a.O., S. 178 ff.

146 Abgedruckt in: Voltaire, Sämtliche Romane und Erzählungen, a.a.O., S. 179 ff.

147 Vgl. Max Weber, Wirtschaft und Gesellschaft. Grundriss der verstehenden Soziologie. Herausgegeben von Johannes Winkelmann, Studienausgabe, 2 Bde., Köln und Berlin 1964 [1916].

148 »Die Protestantische Ethik und der Geist des Kapitalismus«, in: Max Weber, Die protestantische Ethik I. Eine Aufsatzsammlung, hg. von Johannes Winckelmann, 3. Aufl., Hamburg 1973, S. 29 ff.

149 »Politik als Beruf«, in: Gesammelte Politische Schriften, München 1921, S. 560.

150 A.a.O., S. 559.

151 Vgl. hierzu: Max Weber. Mit Selbstzeugnissen und Bilddokumenten dargestellt von Hans Norbert Füger, Reinbek b. Hamburg 1985, S. 118 f.

152 Vgl. a.a.O., S. 116.

153 Vgl. hierzu Christian Schwaabe, »Max Weber«, in: Peter Cornelius Mayer-Tasch/Bernd Mayerhofer (Hg.), Porträtgalerie der politischen Denker, Göttingen 2003, S. 263 ff. (267 und 264).

154 Vgl. hierzu und zum Folgenden auch Manfred Hinz, »Hans Jonas«, in: Peter Cornelius Mayer-Tasch/Bernd Mayerhofer (Hg.), Porträtgalerie der Politischen Denker, a.a.O., S. 287 ff.

155 Die wohl bekanntesten Porträtbüsten befinden sich in den Nationalmuseen von Neapel und Rom, eine Porträtstatue im Britischen Mu-

seum in London (abgebildet auf dem Einband von Seth Bernadete, Socrates and Plato. The Dialectics of Eros; München 2002). Eine Porträtgemme ist abgebildet auf dem Einband der Reclam-Ausgabe von Xenophons Erinnerungen an Sokrates (vgl. Anm. 2). Auf der Grundlage solcher Porträtplastiken gestaltete Gemälde, die Sokrates im Kreis seiner Schüler zeigen, stammen u.a. von Raffael (Die Schule von Athen, Vatikan) und von Anselm Feuerbach (Das Gastmahl des Plato, 1869, Staatliche Kunsthalle Karlsruhe).

156 Vgl. Aristophanes, »Die Wolken« in: Aristophanes, Sämtliche Komödien, herausgegeben, eingeleitet und mit einem Nachwort von Hans-Joachim Newiger (Neubearbeitung der Übersetzung von Ludwig Seger, Frankfurt/Main 1845-1848), Frankfurt/Main 1980, S. 153 ff.; 169 f.

157 Xenophon, Erinnerungen an Sokrates. Übersetzung und Anmerkungen von Rudolf Preiwerk. Nachwort von Walter Burkert, Stuttgart 2010.

158 Xenophon, Memorabilia and Oeconomicus. With an English translation by E.C. Marchant, London/Cambridge, Massachusetts 1959, S. 362/3 ff.

159 Xenophon, Das Gastmahl. Griechisch/Deutsch. Übersetzt und herausgegeben von Ekkehard Stark, Stuttgart 1988.

160 Xenophon, Memorabilia and Oeconomicus. With an English translation by E.C. Marchant, London/Cambridge, Massachusetts 1959, S. 362/3 ff.

161 Vgl. Xenophon, Des Kyros Anabasis. Der Zug der Zehntausend. Übersetzung, Einleitung und Anmerkungen von Helmuth Pretska, Stuttgart 1958.

162 Vgl. Rainer Nickel, Kyrupädie. Die Erziehung des Kyros, Griechisch/deutsch, München 1992.

163 Vgl. Wolfgang Bauer, Die Grundlagen des »Buchs der Wandlungen«. Einführung zu: I Ging. Text und Materialien, aus dem Chinesischen von Richard Wilhelm, Kreuzlingen/München 2008 (1924).

164 Vgl. dazu a.a.O., S. 7

165 Vgl. hierzu ausführlich Frank Fiedeler, »Yin und Yang oder Die Absolute Polarität (Taiji)«, in: Peter Cornelius Mayer-Tasch (Hg.), Die Zeichen der Natur. Sieben Ursymbole der Menschheit, Frankfurt/Main und Leipzig 2001, S. 21 ff.

166 Vgl. Anm. 1.

167 Yijing. Das Buch der Wandlungen. Erstmalig von Grund auf entschlüsselt und neu aus dem chinesischen Urtext übersetzt, München 1996.

168 Abgedruckt in: Conrad Ferdinand Meyer, Sämtliche Werke in einem Band. Mit einem Nachwort von Hans Schmeer, München 1953, S. 844.

169 So Werner Ziegenfuß/Gertrud Jung, Philosophen-Lexikon, Berlin 1950, Bd. 2, Artikel »Zarathustra« (S. 931). Vgl. dazu Maarten J. Vermaseren: Mithras. Geschichte eines Kultes. Aus dem Holländischen von Eva Cartellieri-Schröter, Stuttgart 1965.

170 Zu Leben und Lehre Zarathustras vgl. im Übrigen Walther Hinz, Zarathustra, Stuttgart 1961 passim sowie Michael Stausberg, Zarathustra und seine Religion, München 2005, passim.

171 Vgl. Yasna 30, 2, 3, 5 sowie Yasna 31, 11-12. Die hier und im Folgenden zitierten Gathas wurden von Walther Hinz übertragen. Abgedruckt in: Hinz, Zarathustra, a.a.O., S. 166 ff.

172 Vgl. Yasna 31, 18-20.

173 Vgl. Yasna 44,7.

174 Vgl. Yasna 30, 3 ff. sowie Yasna 45,2.

175 Vgl. Yasna 31, 20.

176 Vgl. Hinz, a.a.O., S. 110.

177 Vgl. Yasna 45,2.

178 Yasna 31, 20.

179 Vgl. die Übertragungen der Gathas von Walther Hinz, a.a.O., S. 166 ff. sowie die in dem Band von Herman Lommel: Die Gathas des Zarathustra, mit einem Anhang von Erwin Wolff von Bernfried Schlerath herausgegebenen, teilweise älteren Gatha-Übersetzungen (Stuttgart 1971).

180 Vgl. Yasna 32, 6.

181 Vgl. insbesondere den 7. Gesang Yasna 1-15.

182 Yasna 51, 21: »Wer Tugend übt, wird heilig! Ein solcher Mensch wird durch gute Gedanken, Werke, Taten … mit der Wahrheit vereinigt.« (Zarathustras Worte, übersetzt von Hossein Kassem-Zadeh Iranschär und Pome Darond, 2. Aufl., Olten 1968).

Inhalt

 Gesetzt in der Schrift Adobe Garamond Pro. Gedruckt auf holzfreies, alterungsbeständiges Werkdruckpapier der Firma Cordier, Bad Dürkheim, vom Druckhaus Nomos, Sinzheim. Gebunden in Fadenheftung von der Buchbinderei Spinner, Ottersweier. Printed in Germany.
ISBN 978-3-458-19438-5